瑜伽經
白話講解
行門篇

斯瓦米韋達・帕若堤（Swami Veda Bharati）／著　石宏／譯

印度瑜伽大師斯瓦米韋達親授及導讀
解析何謂滅除煩惱、進入三摩地境界的「行瑜伽」
繼《瑜伽經白話講解・三摩地篇》之後，第二本解譯續作

हिरण्यगर्भादारब्धां शेषव्यासादिमध्यमाम्
स्वामिश्रीरामपादान्तां वन्दे गुरुपरम्पराम्

स्वामी वेद भारती

योगः समाधिः
YOGA IS SAMADHI

瑜伽即三摩地

譯者按，前頁是斯瓦米韋達以梵文譜寫的一首頌禱文，屬於32音節的調性。所頌禱的對象是喜馬拉雅瑜伽傳承一系列上師所形成的法脈之流，禱文音譯成羅馬拼音及中譯如下：

hiraṇya-garbhād ārabdhāṁ śheṣha-vyāsādi-madhyamām.
svāmi-śhrī-rāma-pādāntāṁ vande guru-paramparām.
始於（光和上師靈之）金胎藏，中有栖舍（帕坦迦利）、威亞薩等宗師，
後傳至室利斯瓦米拉瑪足下，於此（綿延不絕之）上師傳承，吾稽首。

頁面下方是國際喜馬拉雅瑜伽禪修協會（Association of Himalayan Yoga Meditation Societies International）的會標。該協會由斯瓦米韋達所創建，簡稱為「AHYMSIN」，旨在結合全世界喜馬拉雅瑜伽傳承的同修，為發揚斯瓦米拉瑪所闡述的喜馬拉雅瑜伽之道而努力。會標內的文字為《瑜伽經》對瑜伽的定義：瑜伽即三摩地。

目次

《瑜伽經》第二篇「行門篇」綱目

◎行瑜伽

煩惱

不斷除煩惱之後果（業）

• 四段鋪陳法：苦、集、滅、道

苦

三種苦狀：壞苦、苦苦、行苦

質性相違之苦

因此智者知一切皆苦

應斷之苦

未來之苦才可斷

集

苦的成因

見者與所見結合

所見之定義

本質爲悅、動、惰三質性

由五大種、十一根所構成

以體驗、解脫爲目的

質性之節段

有別、無別，有微徵、無徵

除去無明，所以不再結合

獨寂乃解脫

道

II.26 viveka-khyātir a-vi-plavā hānopāyaḥ 144

得滅的方法

不動明辨慧

II.27 tasya saptadhā prānta-bhūmiḥ pra-jñā 147

明辨慧的意義

共有七重

II.28 yogāṅgānuṣhṭhānād aśhuddhi-kṣhaye-jñāna-dīptir ā viveka-khyāteḥ 153

得明辨慧之方法

奉行瑜伽肢法

以除去不淨

引燃智慧光明

◎瑜伽的肢法

II.29 yama-niyamāsana-prāṇāyāma-praty-āhāra-dhāraṇā-dhyāna-samādhayo'ṣhṭāv aṅgāni 156

共有八肢：夜摩、尼夜摩、體式、調息、內攝、專注、禪那、三摩地

任何違反
起因不論輕、中、重度的貪、嗔、癡
不論是自爲、使人爲、默許之
都會帶來無邊苦果和無明

• 奉行戒律善律之效驗

夜摩之果

尼夜摩之果

體式

•因爲體式成就

II.48 tato dvandvānabhi-ghātaḥ 235

所以不受對立之苦

調息

II.49 tasmin sati śhvāsa-pra-śhvāsayor gati-vi-cchedaḥ prāṇāyāmaḥ 240

所以做到調息

呼吸不使勁而且受控

II.50 bāhyābhyantara-stambha-vṛttir deśha-kāla-saṅkhyābhiḥ pari-dṛṣhṭo dīrgha-sūkṣhmaḥ 247

細察呼吸

呼氣後之住氣、吸氣後之住氣、不呼不吸之住氣

覺知它的

位置、計時、計數

呼吸因而變得

深長、細微

II.51 bāhyābhyantara-viṣhayākṣhepī chaturthaḥ 250

超越了

呼氣、吸氣、伴隨呼氣吸氣之住氣

是稱爲第四的獨發住氣

譯者前言

本書的講述者斯瓦米韋達，曾說過一個非常有趣的故事：

印度古人傳說，神在宇宙這一個劫形成之初，把所有的奧祕都啓示在三部《吠陀》中，交給一眾天人去學習。但是《吠陀》實在浩瀚難懂，連天人讀來都覺得吃力。於是他們回去乞求神，「能否請您發慈悲把《吠陀》（*veda*）予以簡化，好讓我們省點力？」神就將三大部《吠陀》濃縮爲三句話，也就是〈蓋亞曲〉（Gāyatrī）神咒正文的三句：

tat satvitur vareṇyaṃ
bhargo devasya dhīmahi
dhiyo yo naḥ prachodayāt

這三句話是另一個大題目，幾乎所有的瑜伽大師和梵文學者對〈蓋亞曲〉的解讀都不盡相同。斯瓦米韋達曾經連續用了好幾堂課來講授〈蓋亞曲〉，他說，那也不過是淺談而已。所以，這三句話的意義我們就略過不提。

話說，一眾天人領了三句話歡喜地回去了，可是他們苦苦誦念，仍然無法瞭解其中的奧義，只好又回頭去見神，「求求您再發慈悲，把這三句更加簡化。」於是神就將三句話濃縮成三個字：

bhūr

bhuvaḥ

svaḥ

也就成了〈蓋亞曲〉正文前面的三個宣示字。可是，天人們還是久久無法參破，於是神再將這三個字更進一步簡化成了三個字母：

A

U

M

A（佛經中稱爲「阿」字）是一切字母之首，是眾生發聲的初音，是一切言語文字的源頭。A、U、M三個字母各有深奧的密意。但天人還是弄不明白，神最終將三個字母合成一個字，成了AUM，讀音就是：

OM

所以，宇宙的一切奧祕，經過一次又一次的濃縮，由繁而簡，最後成爲了OM，我們稍後再回來說它。

《瑜伽經》的鋪陳方式正好是反過來的，作者帕坦迦利（Patañjali）是由簡而繁，將瑜伽的意義及修練方法，一步一步地爲我們開展細說。第一篇開宗明義宣示，所謂瑜伽，是讓動蕩不停的「心念」得以「調伏受控」（也就是三摩地的定義，所以說瑜伽就是三摩地）。以這個定義的句子爲首，《瑜伽經》正式開展。

在簡單介紹了什麼是所謂的心念之後，他立即告訴我們，要調伏心念只有兩個途徑：一要無間斷地修習（也就是「串習」，主要是指靜坐），二要無所執著。按前者是「修」，後者是「捨」。接著，帕坦迦利交代了調伏心念達到受控狀態的三摩地分爲兩類，以及幾個修三摩地的方法。這些方法都是爲了要排除「障礙」，淨化和穩固我們的心念，讓我們能夠「由粗而細」進入種種不同境地層次的三摩地（《瑜伽經》將之通稱爲「三摩鉢地」）。到此，第一篇結束。

第二篇的篇名是「行門」，基本上是接續第一篇「修」的主題，爲的是對治「離定心」（vyutthāna-chitta），幫助我們克服自己那坐不住的心。而具體的修法，在做三個主要的功夫：「苦行」、「自習」、「奉神」。帕坦迦利將這一套修行方法稱爲「行瑜伽」（kriyā-yoga）。他說，行瑜伽的目的有二，一是爲了進入前面第一篇所說的三摩地，二是爲了滅除「煩惱」（kleśhas）。在定義了什麼是所謂的煩惱之後，他接著解釋，我們所以會造「業」，根源是煩惱。因爲造了業，所以今生來世會遭到種種的業報。凡夫以爲這些業報有苦也有樂，但是具有「明辨慧」（viveka-khyāti）的智者卻能見到其實一切都是苦。所以智者應該要「斷苦」。

然後，帕坦迦利以印度哲學「四段鋪陳」的論述法，也就是佛法中「四聖諦」的論述法來：

一、定義什麼是應該斷除的——苦
二、它是因何而有，為什麼會發生——集
三、當它被斷除之後，是什麼景象——滅
四、要斷除它的具體方法——道

這個「道」，最有效的就是瑜伽的「肢法」。於是，所謂的「八肢瑜伽」（aṣhṭāṅga-yoga）登場。《瑜伽經》再進一步把前面簡略介紹的種種修行方法，更具體地開展為八個功法步驟，所以稱為「八肢瑜伽」。八肢瑜伽又被稱為「王道瑜伽」，可見它在瑜伽體系中的地位。

《瑜伽經》第二篇從第29經到最後的第55經，逐一介紹了這八個功法中屬於「外肢」（bahir-aṅgas）部分的前五個功法，以及它們各自所能帶來的效驗。至於後面的三個功法，則是屬於「內肢」（antar-aṅgas）功法，對於它們的介紹以及所帶來的種種效驗，則是屬於《瑜伽經》第三篇的內容。

依據傳統說法，《瑜伽經》第一篇教導所針對的是上根人（利根人），第二篇前半部關於行瑜伽的部分是以中根人為對象，後半部的八肢瑜伽則是以下根人（鈍根人）或初學者為對象。但是，我們在細讀之下就會發現，像八肢瑜伽中任何一肢的功法，要練出成果且收到效驗，真是談何容易。以第一肢的夜摩（yamas）法為例，它為我們列出了修行人一定要遵守的五條戒律。其中第一條就是「非暴」，要戒禁任何暴力的行爲、言語、心意。它所要求的功夫是非常細膩的，要仔細地覺知自己的一言一行以及起心動念有無違反非暴的理念。《瑜伽經》說：「確實遵守非暴戒律的人，眾生不會與他爲敵。」不單如此，斯瓦米韋達說：「如實履行非暴的人，因爲他不與眾生爲敵，因爲他沒有絲毫殘害眾生的念頭，連鳥獸都不會走避他。」

非暴不只是不殺生那麼簡單，非暴是要做到不傷生。不殺生，只是最起碼的要求而已。但是，即便不殺生，也不如我們想像中那麼容易就做得到，更何況在有些情況之下，我們無可避免地會面臨殺生的道德困境。因此，斯瓦米韋達舉出了一系列的故事及情境，要大家深入思考究竟什麼才是非暴，這個部分收入了本書的附錄〈非暴理念略說〉。

佛教自古就將所有的教義總賅爲四句話：「諸惡莫作，眾善奉行，自淨其意，是諸佛教。」「諸惡莫作」就是八肢瑜伽第一肢的夜摩法戒律，「眾善奉行」是第二肢的尼夜摩（niyamas）法善律，「自淨其意」則是遵守戒律和善律必然會帶來心地的淨化。因此，斯瓦米韋達提醒我們，夜摩、尼夜摩是一切瑜伽修行的基礎所在，眞的做到了這兩肢，心才能定，其他六肢自然而然會水到渠成。如果不在這兩肢上痛下功夫，就沒有辦法徹底對治「離定心」，那麼儘管體式、調息的功夫再好，心還是會不定；若心念不調伏，無法達到受控的地步，就無法成就《瑜伽經》所謂的「瑜伽」。如今舉世學習瑜伽的人，往往直接由「體式」和「調息」這兩肢法門下手，將大量的時間和精力耗在體式和調息上，而疏忽了夜摩、尼夜摩的功夫，是習練瑜伽者需要反思的一個現象。

關於夜摩、尼夜摩，它們的重點是在一頭一尾。斯瓦米韋達提醒我們，《瑜伽經》把「非暴」和「奉神」分別放在第一和第十條，是有一定道理的。所有十條的戒律和善律，都源自於非暴，都必須以非暴爲本，都不能和非暴的理念相抵觸，所以「非暴」會被列爲所有戒律和善律之首，這應該是很容易明白的。

我們比較沒有留意的是，所有十條的戒律和善律，都必須以最後第十條的奉神理念爲依歸。例如，履行非暴如果不是爲了神，而是爲了其他目的，則此種行爲和心念就失去了非暴的意義，便不能算是在遵守非暴。

所有十條的戒律和善律，條條都有各自成就的效驗，例如，非暴的效驗是眾生會放下敵意，實語的效驗是言行必果，而唯獨奉神的效驗是三摩地，是其他戒律和善律所比不上的。有趣的是，《瑜伽經》中能夠「與所奉神明相應」的，竟然不是奉神的效驗，反而是屬於自習的效驗（這更證明了所謂的自習，重點不是在研讀經典，而是在持咒）。

所以，斯瓦米韋達一再告訴我們，修行的捷徑法門是奉神。解讀《瑜伽經》第一的威亞薩（Vyāsa，亦有譯爲「毗耶薩」）說：「修行者僅僅將意念引向神，三摩地以及種種三摩地之果就即將到來。」

奉神法門在《瑜伽經》的第一篇、第二篇的行瑜伽及八肢瑜伽，這三個地方都列爲修行法門之一。換言之，這個法門不只是下根人，連對中根人乃至上根人，都屬於必修的。其他不論哪個法門，都沒有被如此明白且重複提及。在像《瑜伽經》這樣字字珠璣的文體中，版面無比珍貴，帕坦迦利竟然不惜在第一篇中連用了七句經（第23至29經）專講「奉神」這個題目。這都明顯地告訴我們，奉神不僅是一條捷徑，更是一個殊勝法門。

所謂「奉神」，是念念向神，一心繫念於神，神如在目前，乃至與神合一。自己的所作所爲是爲神而做，一切行爲的果實都奉獻於神，而不是爲己。要將自我放下，才是對神的臣服、歸伏。有如此的情懷，就是奉神。

問題是，如今的人，特別是受過高等教育的人，往往不談神，好像覺得談神就陷入了宗教的範疇，覺得談神就不科學。所以，在這個重要的法門上，若是過分理性往往就會不得力。如果把精神、信念這一塊給放掉了，靈性修行就無異於沙中行舟。

《瑜伽經》對「神」的定義是寫在第一篇，請讀者務必回顧。《瑜伽經》的基礎哲學理論是「數論」。與數論哲學一樣，《瑜伽經》所謂的神，是不具有宗教色彩，不是創世的，不是主宰眾生命運的，是無形無相的，是不即又不離的。所以，從宗教的有神論觀點來看，《瑜伽經》是屬於無神論的（這一點就和另一本瑜伽聖典《薄伽梵歌》〔*Bhagavad Gita*〕不同）。

斯瓦米韋達說，我們使用「神」這個字來翻譯《瑜伽經》經文中的「伊希伐若」(īśhvara)，是不得已的辦法。它會造成的問題是，每個人對於什麼是「神」都有著先入爲主的成見。你要做到奉神，首先非得把你對神的觀念和想法給全部拋棄不可，因爲神完全不是你所以爲的那回事。每當有人問他：「神是否存在？」他都回答：「你爲什麼要相信我的答案？你要自己去找答案。如果你想知道什麼是甜的滋味，問人家沒有用，只有自己親口嚐過了，才會眞明白那個滋味。」

《瑜伽經》所談的神是無相的，無法以言語文字來形容，是「說似一物即不中」，所以空口談論神是沒有什麼用處的，若要弄明白，只有親自去體悟。帕坦迦利在《瑜伽經》第一篇裡就借用了OM的音聲來做爲對神的「指稱」，那就是本文開頭所提到的，天地奧祕所在的OM。願你我都能親口嚐到甜滋味。

2006年12月17日到2007年1月12日間，斯瓦米韋達在國際喜馬拉雅瑜伽禪修協會位於印度瑞斯凱詩（Rishkesh）城的總部，爲一班學生簡要講述了《瑜伽經》的第二篇。這次共有16講，每講只有半小時左右，他說是爲初學之人所開的課。按，斯瓦米韋達從九歲開始爲人講授《瑜伽經》，這次應該是他此生最後爲人開講《瑜伽經》。本書主要是根據那次講座系列的錄音整理翻譯而來，小部分內容則摘譯自斯瓦米韋達已出版的《瑜伽經釋論第二輯》（英文版）一書做爲補充（內文中簡稱《釋論》）。書末的三則附篇：〈非暴理念概說〉、〈淺談苦行〉、〈無畏禱〉是取自斯瓦米韋達的其他授課紀錄，其中有許多饒具趣味的題目，讀者可以直接去讀，不一定要等到讀完正文之後。本書的編排方式沿襲了2015年出版的《瑜伽經白話講解・三摩地篇》，經文的梵文原音誦讀錄音也收集在線上音檔中 。

譯者前此曾經將斯瓦米韋達的上師斯瓦米拉瑪就《瑜伽經》第二篇的授課紀錄翻譯爲中文《鼻尖上的覺知》一書（原書名爲《修行：開悟之道》〔*Sadhanan: The Path to Enlightenment*〕）。不同之處在於，本書是斯瓦米韋達在「講經」，而另一本則是斯瓦米拉瑪在「說法」。讀者不妨對照參閱。至於斯瓦米韋達就《瑜伽經》的「說法」部分，目前已經翻譯爲中文成書的有：

- 《心靈瑜伽》
- 《幸福瑜伽》
- 《哈達瑜伽》
- 《瑜伽就是心靈修行》（特別是其中〈心靈修行的實踐與應用〉一篇）

譯者學養有限，疏漏之處難免，尚祈讀者海涵不吝指正。

2017年譯於香港

時值盛暑，先師 斯瓦米韋達圓寂二週年

瑜伽經第二篇 行門篇 述要

斯瓦米 韋達 講述

2006年12月17日至2007年1月12日

講於 印度瑞斯凱詩城 斯瓦米拉瑪道院

石宏 整理翻譯

楔子

瑜伽和數論哲學的關係非常密切，我曾經就數論哲學開過專門的講座，也寫過一些介紹文章，希望大家能夠去找來學習❶。

印度古典的主流哲學思想有七個派別，「數論哲學」和「瑜伽哲學」是其中兩派。但是我們在教導瑜伽哲學的時候，常常也會把兩者合起來稱爲「數論瑜伽」。所以，問題就來了，到底它們是兩個獨立的學派，還是合起來成爲一個單一的學派？正統的瑜伽哲學體系中，在需要的時候是用到了一些數論哲學的「類別」概念（譯按，此即是數論哲學中所謂的「諦」），而有時候會賦予不同的意義，或者做些增減，但基本的類別是大致相同的。

例如，不論數論哲學或瑜伽哲學，都視「苦」爲一個至爲重要的問題。不過，數論基本上還是一個哲學體系，瑜伽則是一個實修的體系。所以我們說，瑜伽相對上是一種「應用」哲學，因此它會把凡是能夠應用在實踐的東西都包括在內。

現在，我們還是要表達對《瑜伽經》作者帕坦迦利的歸敬之意，先誦唱一段〈開經吉祥頌〉（maṅgalācharaṇam）：

yogena chittasya padena vāchāṁ,
malaṁśharīrasya cha vaidyakena;
yo'pākarot taṁ pravaraṁ munīnāṁ,
patañjaliṁ prāñjalir ānato'smi

唯彼至聖，帕坦迦利
瑜伽淨心，文法淨語
醫書淨身，合十稽首

頌詞的大意是：我合十稽首，歸敬聖者中之聖者，帕坦迦利，感戴他傳授瑜伽洗淨我們心地的污垢，傳授文法洗淨我們言語的污垢，著述醫書洗淨我們身體之污垢。

（此時，斯瓦米韋達誦念了兩句對傳承上師的歸敬語。）
Śrī Gurubhyo Namaha
Śrī Parameṣhṭi Gurave Namaha
歸敬所有吉祥上師
歸敬至上吉祥上師

印度傳統的經典，有許多是屬於「經」的文體。「經」這個梵文字（sūtra，譯按，佛經中也譯音為「修多羅」，但是佛經的「經」的文體，又和此處所稱的「經」不同）常常被翻譯成英文的「箴言」（aphorism）。但是，所謂「箴言」，應該是每句都自成一格，每句箴言的意義是毋庸解釋就能明白的。但是「經」則不同，如果不參考一些解釋的論述，或者不結合其他的經句，就很難明白每句經本身的意義。

在遠古時代，弟子要住在上師的道院，每天坐在上師跟前學習經文。古法的學習有四個步驟。第一步是「聽聞」（śhravaṇa），然後是「沉思」（manana）、「禪修細思」（nididhyāsana）、實證（sākṣātkāra）。當弟子坐在上師面前時，他必須要完全不動，保持一個姿勢上完整堂課。他的注意力要集中，絲毫不可中斷，身體任何一個部分只要稍微一動就表示分心，當即會受到上師的斥責。因爲弟子的心念是在禪定中鍛鍊出來的，他們的記憶力敏銳，通常只需要聽一遍或兩遍，就能夠記住經文。然後，他們自己會去找個地方坐下，或者是樹下，或者是自己的茅屋中，或者在河邊的石上，或者在每日晨間祭祀的火壇旁，開始做「自習」（svādhyāya）的功夫（這個名詞在《瑜伽經》出現過三次：第二篇的第1、32、44經），背誦所學到的經文。

這種學習方式不只適用於「經」的文體，也適用於其他學問的典籍。因爲「經」的文字非常精練簡短，寫經的老師在教正文的時候，也會順便對經文加以解釋論述，或者加進一些必要的字句，將前後經句連貫起來。後來，就演變成一套專門解讀經文的經文，成爲「解經之經」，文法學者，如解讀《吠陀》經典的「彌曼沙」（Mimānsa）哲派，以及講邏輯之學的「正理」（Nyāya）哲派，對這門學問的開展尤其做了大量的工作。

此外，每一個哲學門派對於該如何解釋本門的經，各有自己的一套規矩。但是，很多現代的翻譯者就沒受過這方面的訓練，他們在翻譯經文的時候，往往毫不依循這些解經的規矩。在古代，只有受過自己哲學門派的嚴格訓練，學習過解經規矩的人，才有資格爲「經」撰寫釋論。

還有一點需要認識的是這些經典的時間問題。印度的經典幾乎沒有一部能夠被確認出它們成書的年代。這是因爲印度自有一套截然不同的紀元體系，那種紀元的時間跨度對於一般西方人士而言，是完全無法思議的。直到一個世紀以前，大多數西方學者還認爲人類的歷史最多只有五千年，他們認爲這個星球乃至於整個宇宙的歷史也不長。

相較之下，一般印度的婆羅門哲學家，他們在從小所生長的環境中，就被訓練要用「劫」（kalpa）的觀念來思考時間。每一個劫的循環，從形成到毀滅，有億萬年之久。與此相關的是永恆智慧的觀念。舉例而言，他們認爲《吠陀》是在當今這一個劫形成的時候所得到的天啓智慧。當今這一個劫，是在距今19億7294萬9千多年以前開始的。但是，這同一個《吠陀》，在前面一個劫，再前面的一個劫，所有之前的過去劫，都曾經過天啓而有。而在下一個劫，再下一個劫，所有下一個的未來劫，都也會再度得到天啓而有。

從無窮盡到無窮盡，在那些劫的循環之中，每一次的世界形成之初，這些經典就會經由天啓，透過某位同名或異名的「瑞悉」（Ṛshi）將它流傳出來。所以，在我們當前這個已經有19億7294萬9千多年的劫之中，在這樣的時間跨度裡，多個十萬年、少個十萬年，是很普通的事，也就根本不可能確定帕坦迦利、威亞薩究竟是哪個年代的人。不幸的是，如今大多數的印度學者全盤接受了西方的史觀來紀年，把整個時間體系壓縮爲區區數千年，實在令人感到頹喪。在如今主流學術界的影響下，我們只好將自己已經有二十億年文明的那股自豪感給嚥下去，心不由衷地說，也許，嗯，也許帕坦迦利和威亞薩是在2500年前寫下了這些典籍。

我們提到「瑞悉」這個名詞（譯按，古代佛經中也譯爲「仙人」，意思是「見者」）。所謂瑞悉，不單是一位已經開悟了的大師，更是能夠領受天啓智慧的導體。他既是一位已經證得解脫的大師，也是能以自己內在所證悟到的智慧來創立一門學問，或者將某一門學問發揚光大的人。這種學問並不是那種以邏輯思考而得出來的推論，是由內在證悟得來的直覺智慧。雖然不是由理性思辨而來，但它也需要禁得起理性邏輯的考驗。這樣的人物，就是瑞悉。如此一位瑞悉，是人中之至尊，被奉爲絕對無上的權威。這種權威被視爲是本來如此、當然如此。他們所說的話本身就是眞理，毋庸、也無法證明，是不證而自證的，是可以用來引證別的學問是否成立（譯按，這並非宗教式的信仰，而是一種心靈取向，請每位行者自行決定取捨）。

幾百年來，爲瑜伽之道著書立說的人士中，比較有名望的大概只有十二人左右，而其中又只有帕坦迦利和威亞薩才被公認爲具有瑞悉的地位。

既然是已經徹悟的大師，他們彼此的見解應該是完全不可能有絲毫抵觸的。那麼爲什麼不同的瑞悉要創立不同的派別？這是另一個題目，在我出版的《釋論》中已經簡要地交代過了，而且和這次的主題無關，就略過不提。

自古以來，研讀《瑜伽經》的人，往往會把帕坦迦利所寫的經本正文和威亞薩所寫的釋論合起來視爲一個文本。我在前面提過，「經」的文字本身是讀不明白的。要讀明白就一定得：(1)懂得自己傳承解經的規則，所以可以用經來解經，以及(2)加上補充的字句來理清經句之間的脈絡關係。

威亞薩所寫的釋論本身，幾乎就是一部經。這也是所有瑞悉共同的作風，他們總是言簡意賅。簡潔文字後面所蘊藏的訊息量極大，只有已經證悟之人才能完全理解。因此，後世就有必要爲威亞薩的釋論而做釋論，然後又有爲這些釋論再做解釋的種種註釋，有人收集種種釋論、註釋而成的集註等等。

我的那套《釋論》，在寫作的時候是把所有收集到的梵文釋論全部放在面前，把它們綜合在一起，列出各個作者所同意的觀點，融合不同的觀點。最後的產物是將一切有助於我們理解經文的觀點和註解，都放在同一句經的正文之後。

印度傳統中有種所謂的「考證」的學問，那是一種特殊的學院式工具，用來評定某段文字是否有缺漏還是無缺，全文的作者是同一人還是不同的人。還有一些規則是據以研究文字的風格等等。這些在做釋論的時候都要用到。

根據印度傳統解經的科判規則，每一本經的文字都必須包含四個主題才算完整，就是：定義（lakṣhaṇa）、段類（bheda）、行法（upāya）、成果（phala）。這些我們以前介紹過，爲了加深各位的印象，所以再說一次。

《瑜伽經》中的定義經文，主要是第一篇第2經。當然，在整部經裡還有別的定義經句，但是只有這一句是爲整個瑜伽之學下了一個總的定義。至於段類，是在將這門學問給予分段分類。《瑜伽經》最主要的分類是將三摩地分爲兩類：有智三摩地（samprajñāta samādhi）、非智三摩地（asamprajñāta samādhi）。行法就是方法、手段，在《瑜伽經》最主要的行法就是八肢瑜伽，也就是我們在本書所要介紹的。成果則是得解脫，就是《瑜伽經》第四篇的最後一句經所說的「獨寂」（kaivalya）。

任何一部經的作者也必須要在經文開頭的文字中，陳述四個「相應」（anubandha），四個約束的理據：主題、目的、弟子的資格，以及這三者和經文的關係。《瑜伽經》的主題當然是瑜伽以及它的種類、分段、方法、成果。《瑜伽經》的目的是獨寂（解脫、證悟本我）。學習《瑜伽經》的弟子必須具備的「資質」（adhikāra）是，必須要有「求知欲」（jijñāsā），還必須要有「求解脫欲」（mumukṣhā），所以不只是想求這個系統的知識智慧，還要具有求解脫的決心。前者稱爲「求知者」（jijñāsu），後者稱爲「求解脫者」（mumukṣhu）。兩個資質都具備之人，稱爲「資足者」（adhikārin）。這些「相應」彼此之間的關係，我們必須瞭然於心，才算是準備好了，算是有了正確的態度來開始學習《瑜伽經》。

我可以告訴你，當我在寫《釋論》的時候，啊，那可是一種狂喜的經驗。我完全不想被打攪，不想發生任何中斷。那種全然忘我的感受，僅僅次於禪定。而我非要到了那全然忘我的境地，才算是眞正在寫作，否則就只是在掙扎，在苦做而已。一旦寫完了，我不會去閱讀它，不會去做任何改動。我直接把文稿交給編輯去閱讀，更正，加個逗點，除去分節號等等。當它被整理好了，送回到我面前，我會把它先擱在一邊。老實說，有時候我覺得去讀自己所寫的書是件苦差事，因爲我感覺像是從來沒見過它，得要重新去學習、去記憶它的內容。任何我寫的書或文章，假如你抽出其中一段文字來問我、考我，我是答不上來的。因爲我已經不再認識它。寫完了，就是完成了。如此而已。

《瑜伽經》一共分爲四個篇章。第一篇的篇名是「三摩地篇」（samādhi-pāda），有51句經，講述什麼是三摩地。第二篇名爲「行門篇」（sādhana-pāda），有55句經，是關於習練的種種方法、手段。第三篇「顯通篇」（vibhūti-pāda）也有55句經，是講述修練瑜伽能引起的種種稱爲「通」的殊勝能力。最後的第四篇「獨寂篇」（kaivalya-pāda）有34句經，是講解脫境地，稱爲「獨寂」，因爲我們目前所覺知的自己是混雜了物的覺知，《瑜伽經》所謂的解脫是終於能將物和本我分離，不再誤認物爲本我，孤立了的本我就稱作「獨寂」。

譯註：

❶斯瓦米韋達《瑜伽經白話講解．三摩地篇》書中附錄〈數論哲學概要〉就是入門讀物。

行瑜伽

第1～2經

II.1 tapaḥ-svādhyāyeśhvara-praṇidhānāni kriyā-yogaḥ

苦行、自習、奉神，是行瑜伽。

經文拆解註釋

tapas-：苦行

svādhyāya-：默誦、自行研習、持咒

īśhvara-praṇidhānāni：一切對神之奉獻

kriyā-yogaḥ：（稱爲）行瑜伽

全段白話解讀

刻苦修行、默誦咒語

以及自行研習經論、一切修行之果，

都奉獻於神，構成所謂的行瑜伽。

現在開始簡要地講述《瑜伽經》第二篇，篇名是「行門篇」。讓我們先認識幾個相關的梵文字：

sādhana：方法，手段，工具。

sādhanā：行爲的過程，修行。

sādhaka：修行人，行者。

sādhya：目標，目的。

sādhu：經歷某種過程的人。

siddhi：成就、神通。

siddha：有成就的大師。

這些字都是從梵文的動詞字根「√sādh」而來。我還沒有找到一個英文或德文字能夠準確而完整地把「√sādh」這個字根給翻譯出來。它的意思是「爲達到某個目的而做準備、爲完成某個事項而行動」，那整個過程就是這個字的意思。√sādh可以適用於任何的目的、事項，例如陶匠製作陶罐的過程，就是√sādh。上師要把弟子給準備好，那個過程也是√sādh。

sādhanā是施作，是要完成某個目的所從事的一切努力，由始至終的整個過程，通常是指心靈的「修行」。sādhana（譯按，是本篇篇名所用字，請讀者注意長短音的區別），是施作時所用到的方法、手段、工具。例如，製作陶罐的陶土、水、轉輪，這些是陶匠的sādhana，是他的工具、方法。sādhya是施作的目的。陶匠的sādhya是他所要製作的陶罐。我們的sādhya是什麼？「靈性的解脫」是我們的sādhya。整個修行的過程，是sādhanā。而經歷了這個過程之人，叫做「sādhu」。在梵文中，sādhu也是形容「善」、「好」事物的用語。例如，有人講了一番非常中肯的話，印度的傳統不是鼓掌，而是讚歎連連地說「sādhu! sādhu!」（善哉，善哉！），因爲那是一種好的過程。siddhi是目的成就，完成了sādhya之後所得到的（譯按，佛經中有音譯爲「悉地」，也譯爲「神通」）。具有siddhi的大師，叫做「siddha」。正在修行中的人，就是sādhaka、修行人、行者。

所以，「行門」是在講述修行的方法、手段、法門，也就是另一個梵文字「upāya」的意思（譯按，upāya在佛經中常譯爲「方便」）。例如，持咒（japa）就是一種方便，每天同一個時間上座也是一種方便，念珠也是一種方便。

我們在開始講述第一篇的時候說過，《瑜伽經》可以分爲幾個段落，適合不同程度的人去修習。第一篇「三摩地篇」是適合已經到了最高程度的上根人，最落後的下根人則是要依照本篇第28經以下稱爲「八肢瑜伽」的這個段落開始修習，本篇第1至27經所講述的「行瑜伽」，則是適合中等程度的中根人修習。

什麼是「行瑜伽」？它的梵文是「kriyā-yoga」。當今瑜伽界有個舊瓶裝新酒的現象，常有人借用古典的名稱來稱呼他們自己新創的修習方式，讓原本的名詞有了不同的意義。影響所及，使得後人往往只知道新的意義，而忘卻了本來的意義。例如，近世的Paramahansa Yogananda 傳承就借用了「kriyā-yoga」這個詞，所以很多人就以爲它是來自那個傳承（譯按，例如，現今流行的「阿斯坦伽瑜伽」體位練習法，名稱就和《瑜伽經》第二篇內所講述的「八肢瑜伽」相同）。「kriyā」這個字是由動詞字根「√kṛ」而來，意思是「行動、作爲」，與「karma」（業行）這個字的字根相同。所以，kriyā-yoga原本的意思是「任何一套完整的習練方式」，也就是一種「行法」。這個「行」本身就是瑜伽。例如，對你而言，你必須要依照某種特定的步驟、如此地去練，這一套行法就是你的行瑜伽。任何一套瑜伽的習練法，都叫做「行瑜伽」。你的老師指定要你去練的那一套功法，就是你的行法，就是適合你的行瑜伽，而不是專指某種門派所專屬的功法。

自古以來，解釋《瑜伽經》最權威的大師是「威亞薩」。

他在本篇開頭時寫道：「《瑜伽經》第一篇所教導的瑜伽，是適用於心地已經調和於三摩地之人。」

譯按，斯瓦米韋達在他寫的《論釋》中，總結了什麼是第一篇的教導，對我們的復習很有幫助，摘譯如下：

- 瑜伽的定義
- 心念（vṛttis）

- 達到心念止息（nirodha）的兩個方便法門（upāyas）：串習（abhyāsa）、無執（vairāgya）
- 調教心念的方法
- 讓心地得止的方便
- 內肢法（見本篇其後的說明。因爲上根人已經成就了前五項外肢法。）
- 由無執法門而獲兩個層次的瑜伽（有智〔samprjñāta〕、非智〔a-samprajñāta〕），以及種種更細的分類。

「串習」和「無執」是最主要的方便。第一篇所說的串習，是當「心地」游移、離開了禪定所專注的對象時，要一而再、再而三地把它帶回來，止於那一道專注不移的心識之流中。與本篇行瑜伽的串習不同，此處是指不斷地重複習練行瑜伽的行法。

第一篇所說的無執（捨離），是對所有以及每一個境界都說：「止（夠了）！」對它們都能不動心。

但是，「串習」和「無執」不是所有人都能立即掌握熟練的，所以帕坦迦利爲尚未到位的眾生寫下第二篇的種種行法。首先，他從八肢瑜伽的尼夜摩肢法中，挑出對行者最有助益的三項（苦行、自習、奉神），讓他們能夠淨化自心，進而達至有智三摩地。第二篇所有的修行法，都是在爲修行人進入第一篇所教導的瑜伽而做準備。

威亞薩接著說：「現在，我們要開始解釋，仍然處於離定心之人，應該如何修練才能與瑜伽相應。」他使用了一個非常經典的名詞「離定心」，我們在講述第一篇第3經的時候，詳細介紹過這個名詞，各位還有印象嗎？我看在座只有幾位還記得。這要怪我沒有要求學生反覆研讀二十五遍，所以只好自己反覆地爲學生解釋。「三摩地」的定義是調伏心念到受控而止息，「離定」則是三摩地的對立面，就是心念游移不定。正如同我們此刻的心念狀態不是在三摩地中，所以就是處於離定的狀態，想去這裡、那裡。例如，正坐著持咒，聽到外面有鑼鼓聲，於是起身去看看，那就是離定。所以，對於心念仍然處於不定狀態的人，要如何才能成功地修成瑜伽？

一、苦行

行瑜伽的第一項修練是「苦行」（tapas）。我們要做個「能苦修之人」（tapasvin），「tapasvin」這個字的直接翻譯就是：能耐得住熱的人。威亞薩說：「耐不住苦修的人，是修不成瑜伽的。」原因是我們內在的「不淨」交織成了一面網，使得我們的感官被世間的種種引誘所籠罩而無法自拔。我們之所以會受到引誘，是自己的習氣使然。這個習氣是從無始以來，「業行」不斷地緣生「煩惱」，「煩惱」再緣生「習氣」（譯按，就是行爲〔karma〕生起煩惱過患〔kleśha〕，煩惱過患形成習氣慣性〔vāsana〕，習氣慣性又引起行爲。）這個連鎖反應不斷地循環。如此根深蒂固的「不淨」，如果沒有苦行，就無法將它給斷除。

那麼，在這一句經中所謂的「苦行」是什麼？根據威亞薩，這個苦行是有個限度的，以能達到心地的淨化及愉悅就足夠了。也就是要做到第一篇第33經所說的「清明愉悅心」（chitta-prasādana）。「清明愉悅心」的定義是什麼？那句經的經文說：

> 培養慈、悲、喜、捨心，以對樂、苦、有德、無德之人，心地因而清明愉悅。

你一定要再去讀那句經的解釋，才能瞭解此處所謂苦行的意義。當你培養出慈悲喜捨的心態，對你而言，所有的苦行就不再是「苦」，一切的戒律就不再是限制。如果你感到自己無法徹底遵守某些戒律，那是因爲你沒有完全培養出清明愉悅心的緣故。因此，重點是清明愉悅心，如果你在這方面下的功夫不夠，就會覺得戒律是沉重的負擔。

至於對苦行的具體講解，要參考《薄伽梵歌》第十七章第14、15、16段偈誦，其中又分行爲、言語、心意三種，也就是身（kāyika）、語（vāchika）、意（mānasa）的苦行。值得你們一讀再讀。

譯按，身體的苦行是：(1)侍奉上主、神明、上師、長者；(2)潔淨；(3)簡樸；(4)梵行；(5)非暴。

言語的苦行是：(1)說話要不激怒人、要眞實、要有愛意、要於人有益；(2)經常複誦聖典。

心意的苦行是：(1)清淨心；(2)平和；(3)靜默；(4)自我控制；(5)淨化情緒。

關於苦行，大家要知道一個很重要的觀念：所有的大師都告誡我們，任何會引起身體失調，會產生疾病的行爲，就不算是正確的苦行。身體是我們修行非常重要的工具，苦行若是有損健康，反而是欲速則不達。

可是我告訴你，要讓身體的各項功能正常作用，只要淨化自己的心念就可以做到。心念能淨化，就能提升身體的耐力。這是我自己的體驗，是有可能的。我不做哈達瑜伽的各種鍛鍊法，我極少運動，可是我比年輕人還勤奮工作。我的心念永遠保持在清澄狀態的。感謝上師給我加持，讓我的心頭沒有皺紋，所以我的心中不會老是在打結，老是起情緒反應。當然，我以前是會有情緒反應的，後來慢慢能夠做到放下。這不但是可能的，而且是如此簡單的方法，省卻你去做這個那個什麼調身調息的鍛鍊法。那太費事了！我是個懶人，只想省力。在心中做功夫是一條捷徑，但也是最困難的途徑。保持心頭不起皺紋，其實是最困難的苦行。

有人問，為什麼行瑜伽不提「夜摩」（yamas，戒律）、「尼夜摩」（niyamas，善律）的法門？這是因為行瑜伽是給中根人修習用的，他們已經能做到「夜摩」和「尼夜摩」的要求。至於下根人，剛入門學習瑜伽之人，還是要從那些最基本的法門著手。所以，中根人的苦行，具體而言就是保持清明愉悅心，讓心念維持在清澄愉悅的狀態。至於我們在學院中要求大家遵行的種種紀律，都是屬於上面提到的身、語、意的苦行修練，那是基本。不是每個人都可以跳級直接去修清明愉悅心，絕大多數人還是要從基本修起，還是得經過磨練，才能到心頭不起皺紋的地步。如果你不想經過磨練，就不必來學瑜伽，不用自欺欺人。

有人問關於身體疾病的事，「為什麼本來身體很好，一旦開始練習打坐，反而出現這樣那樣的問題？」這不是正常現象，更不是必然的現象。但有時候，是潛伏的業力浮現出來，算是業力的加速成熟。例如，有人做持咒的密集專修，非常精進，有時會生病。那是因為他本來可能要用上十五年才能了結的業，頓時間湧出來，十五天就了結了。但你要能承受得起才行。就像一些另類療法，起先反而會加重病情，然後才得到改善。講到修行人患病，很多了不起的瑜伽大師都是因病而亡故的。例如，斯瓦米辨喜難陀（Swami Vivekananda）因糖尿病而身故。他的上師拉瑪奎師那（Sri Ramakrishna Paramahansa）

是因癌症而過世。聖人拉瑪納馬哈希（Ramana Maharshi）也是因癌症而過世，當他的門徒請醫生來爲他診治時，他說：「你們在做什麼？我要用這個小病來終結一個更大的病。最大的病就是我這個身體！」

還有一位了不起的瑜伽士投塔普力（Totapuri），大約在1860年左右就已經開始出現有關他事跡的記載。他就是我們在書中讀到，爲拉瑪奎師那啓引的那位神祕人物。拉瑪奎師那原先走的是著相的「奉愛」（Bhakti）法門，投塔普力將他帶入無相的法門，將他從「有質」（saguṇa）帶入「無質」（nirsaguṇa）的修行之道。這位在1860年就已經出現的大師，直到1959年才過世。他經常赤身裸體在外行走，也有好幾個不同的名字。以前的瑜伽士是會經常改名字的。爲什麼要一直用同樣的名字？跟他們同一代的人都已經凋零，所以何必一直用同一個名字？有的瑜伽士會把別人的疾病引到自己身上來，然後再把它消掉。據說，這位投塔普力在世的最後幾十年間，一直在爲人消病，但是把糖尿病留在自己身上。他的門徒問他：「您能夠爲人治病，爲什麼不把這個病給治好？」他說：「這是我爲自己留下來的最後一支箭，有一天我要離開這個身體時，可以用得著。」

我也是多年的糖尿病患者，但是請你們不要把我的疾病跟這個故事聯想在一起！這是完全不同的情形。

講回到專修持咒可能會帶出病來，我通常不會指導學生去找個地方閉關一年來專門修咒。不是每個人都能夠如此勇猛精進，更不是每個人都能夠承受得了。對於大多數的人，我都建議他們慢慢來，否則你受不了就會起退卻心，欲速反而不達。只有非常非常少數的人，才適合走勇猛的修法。而靜坐和生病更是沒有必然關係，完全是兩回事，觀念要弄清楚。

二、自習

行瑜伽的第二項修練是「自習」（svādhyāya）。威亞薩告訴我們，自習是指(1)研讀可以爲人帶來心靈解脫的經典，以及(2)重複默誦（japa）可令人淨化的咒語，例如OM字或其他咒語。

在瑜伽之學，自習最主要的意義就是默誦持咒。可是在印度現今的日常語言中，「svādhyāya」這個字的意思是「自己學習某一種學問或書籍」。很多人在翻譯像《瑜伽經》這種典籍的時候，往往使用現今言語的意義來理解，而不去追溯梵文的本義，所以翻譯就會出錯。這是我們需要注意的。

三、奉神

「奉神」（īśhvara-praṇidhāna）是行瑜伽的第三項修練。我們在講述《瑜伽經》第一篇的時候學習過這個詞，但是在此處，這個詞的意義有所不同。第一篇第23至28經都是關於īśhvara-praṇidhāna，意思是「如神臨在、一心向神」。但在此處，奉神的意思有兩重。第一，一切瑜伽修行行爲，以及所有其他行爲，都是爲了「終極上師」而做（譯按，「終極上師」就是《瑜伽經》所謂的「神」、「始祖上師」、「伊希伐若」）❶，不是爲了一己。能夠持這樣的心態，則行瑜伽自然而然就成了「業瑜伽」（karma-yoga）。第二，你的修行和其他一切行爲，如果有任何的果實，都要放下，要奉獻出去。因爲你確實持著一切行爲都是爲了神的心態，能體驗到自己所作所爲都是源自於神，那麼無論後果如何，自然都是出於神意，也就應該歸屬於神，而不是自己。如果你還在問：「我已經持咒好長一段時日了，爲什麼一點感覺都沒有？」那你很明顯走錯了，因爲你還在求成果，還沒有放下，還沒有獻出去。

「眞上師」（sadguru）就是「終極上師」。我講一個故事。修行人一生都可能會遇見這種事。當年，我在美國明尼蘇達大學任教時，還是在家人。每個星期四，我都在我們的禪修中心講課，和大家一起靜坐。在中心進門之處有個奉獻箱，方便大家投擲捐獻之用。有一次，我上完課後，中心的祕書交給我一個信封，是從奉獻箱中取出的。信封中只有現金93美元。這個數字比較不尋常，我們習慣給100元、101元、51元這類數字。誰會給93元？信封內沒有具名。我將這個信封帶回家，交給我的太太，她負責做帳。印度的傳統是，已婚男士有任何收入都要先交給妻子，再由她決定要給你多少花用。我們相信金錢要先由婦女經手才會帶來好運。我太太打開信封一數，立即拉我去看她正在整理的帳簿。她指著結餘那一欄，問我：「你怎麼知道我們中心這個月正好短缺93元？」我心中大概有數。

幾個月後，我見到我的上師斯瓦米拉瑪，我問他：「請問您是否有在幫我們管帳？」他說：「不只是你的帳，我還要管某某、某某、某某的帳。」他要關心一堆人、好幾個單位的帳。我追問：「請問究竟是您在管，還是聖母在管？」他說：「你何必要分別？」

所以，你的上師和終極上師是沒有區別的。你只要捨棄一切成果，把它們以及你的修行行爲統統獻出去。

譯按，斯瓦米韋達在《釋論》中寫道：

數論瑜伽大師（Swāmi Hariharānada Āranya）爲本句經總結時說，行瑜伽是在教三種調伏（saṁyamas）：

1. 苦行是身調伏，是放捨對感官之樂的執著，以及忍受身體適當的不適，例如，從事斷食法、體式法、調息法等，但是以達到第一篇第33經的清明愉悅心所必要爲限。
2. 自習是語調伏。
3. 奉神是意調伏。

因此，行瑜伽的精義是在從事種種加行，而最終能將它們通通捨下。就像是要用一根刺來把刺挑出來，用有助於瑜伽的行爲來排除有礙於瑜伽的行爲，所以最終才能將「有助」及「有礙」兩者統統放下，超越兩者。

譯註：

❶請參閱《瑜伽經白話講解・三摩地篇》第23、26經。

II.2 samādhi-bhāvanārthaḥ kleśha-tanū-karaṇāthaśh cha

乃爲修三摩地與消煩惱。

經文拆解註釋

samādhi-：三摩地

bhāvana-：培養、修持

arthaḥ：爲了（目的）

kleśha-：煩惱、過患

tanū-karaṇa-：磨滅、滅損、薄弱

arthaḥ：爲了（目的）

cha：以及

全段白話解讀

習練行瑜伽的目的，

是爲了修持三摩地，

以及爲了磨滅煩惱。

這一句經告訴我們，修習行瑜伽有兩個結果。一個是「培養」（bhāvana）出三摩地。在學習第一篇時，我們已經見過「bhāvana」這個梵文字，它的意義是：鍥而不捨地培養、開發，使之實現。所以，行瑜伽的目的是讓你實現三摩地的境地。

行瑜伽的第二個目的，是滅苦。經文所使用的梵文字是「tanū」，與拉丁字「tenu」、英文字「attenuation」都是同一個字，意思是「使得變薄弱、使減損、削弱、淡化」。行瑜伽的目的和效果，是使得「煩惱」（kleśha）被削弱、減損，磨得越來越薄，損之又損，終至於滅除。

威亞薩說，要「徹底遵行」行瑜伽。他使用的字是「ā-sevyamāna」，也就是第一篇第14經所使用的字眼「ā-sevitaḥ」（要確實遵從）。這個字是印度醫學阿育吠陀的用語，所以必須有如遵照服藥的指示一般，要在規定的時間、按規定的方式和分量爲之。那麼，煩惱才會「完全」被磨盡（和經文不同，威亞薩用了pra-tanū，強調會「完全」磨盡）。他說：「當煩惱被如此削薄，就會如同燒焦的種子一般，不再發芽，因此它們不會再爲修行者帶來苦痛。」是什麼火能把它們燒焦？是明辨（pra-saṅkyāna）之火，是能明白辨別「本我」和「非我」不同的那個智慧（prajñā）。行瑜伽最終極的目標，在本篇第27經，也就是要追求那個最終的智慧（請參閱本書其後的講述）。

什麼是所謂的「煩惱」？定義在下一句經。

行瑜伽

煩惱

第3～9經

II.3 avidyā'smitā-rāga-dveṣhābhiniveśhāḥ pañcha kleśhāḥ

無明、有我、愛戀、厭憎、死懼，是為五煩惱。

經文拆解註釋

avidyā-：無明、無知

asmitā-：有我

rāga-：愛戀、執著

dveṣha-：厭憎、逃避

abhi-ni-veśhāḥ-：對死亡的厭憎和恐懼

pañcha：五（在某些《瑜伽經》版本中，
會略去pañcha〔五〕這個字。）

kleśhāḥ：煩惱、過患等不淨

全段白話解讀

煩惱有五種：

無明、有我、愛戀、厭憎、死懼。

此處先列舉五種「煩惱」。威亞薩說，煩惱就是「顚倒」（viparyaya）。《瑜伽經》第一篇第8經就是在解釋何謂「顚倒」，基本上是顚倒了的認知，屬於錯誤的知見。「顚倒」一共分六十二種，我們不在此重複了。請各位回頭重新再讀第一篇第8及19經，才能完全瞭解此處這句經的意思。

煩惱會引起什麼問題？威亞薩說，當煩惱湧出來，它們會增強「質性」（guṇas）❶的力量，引起「流轉變異」（pari-ṇāma），產生因果循環之流，使得「業行」（karma）「成熟」（vi-pāka）。

流轉變化是「不斷地」在變異，這個字在當今印地語中的意義不同，所以再度提醒大家，不要用現代語意去解讀古典用語。「不斷地變異」是因果不停地循環，因造成了果，果又成了另一事物的因，再引起另一個果，不停地循環下去，有如一條不斷的鎖鏈。業行就是如此變成熟的。因爲煩惱能引起業熟，帶來無常和輪轉，所以它被視爲是「苦」，也就是我們該拔除的。

我一直強調，哲理的用字和日常言語的用字可能是同一個，但是它們的意義會非常不同。所以我們在解讀的時候要非常小心，否則就會產生誤會，引起混淆。當你的心靈層次提升之後，言語文字的意義對你就會不同。所以，你可能仍然使用同一個詞語，可是它的意義在你而言卻已經不同於眾人所理解的意義，因爲深度不同了。在印度，我們常說「業行」（karma）產生了「果」（phala）。但是在哲學的語言，則是說業行的「成熟」，只有在例外的情形下才說「果」。行為是播種，種子發芽長成樹木，是成熟，嗣後再結果實。只有在這個意義之下，才用「果」來形容整個過程，並非單純是一種獎懲賞罰的結果。在本篇第1經文的解釋中，威亞薩用了「果」這個字，他說，要捨棄我們行瑜伽的果實，把它奉獻出去。那是結果，是行瑜伽的結果，不是果報的意思。而此處，我們在講「業」，所以是正確地使用「熟」這個字，而不是「果」。這兩者在哲學上的意義不同，你要體會出它們細微的差別。「業」通指我們一般的行為。行瑜伽則是靈性的行持，假如你放不下它的「果」，那表示你的「我執」還在作祟，行瑜伽就不成為行瑜伽。

剛才有人提出，在《薄伽梵歌》中，要我們不執著於自己行為所產生的結果，要捨棄行為的果報，經文所用的也是「果」這個字。沒錯，這也是在對治「我執」。例如，有人說：「我有本事賺一百萬，你知道嗎？」修行人說：「我能坐著持咒連續十四個小時不動，你知道嗎？」這兩者的心態毫無差別，都還有「我執」在。修行不到最後關頭，「我執」是不會消除的。

譯註：

❶關於「質性」的意義，請參閱斯瓦米韋達所講述《瑜伽經白話講解．三摩地篇》的附錄〈數論哲學概要〉。）

II.4 avidyā kṣhetram uttareṣhāṁ prasupta-tanu-vicchinnodārāṇām

無明乃生出其餘之地，有潛伏、削弱、抑制、發作之貌。

經文拆解註釋

avidyā：無明、無知

kṣhetram：（生長的）田地

uttareṣhāṁ：其餘

pra-supta-：潛伏不動的、休眠中的

tanu-：削弱的、變薄弱的

vi-chhinna-：受抑制的

udārāṇam：活潑熾盛者，發作出來的

全段白話解讀

無明是孕育出其餘四種煩惱之所在。

煩惱可能處於四種狀態：

潛伏、削弱、受抑制、熾盛發作。

「無明」（avidyā）像個田地，其餘四種煩惱都是從無明這塊田地裡生長出來的。也就是說，因為無明才生出其他種種煩惱。

所有的煩惱都可能處於四種狀態：

- 第一種是休眠、潛伏的狀態（pra-supta），像是埋在心地內的一顆種子，具有發芽生長的潛能，當受到挑動時，就會醒過來。有人說：「我克服了某某弱點。」其實那弱點並沒有眞的被克服，不過是處於睡眠狀態，一受到刺激就會醒過來。

- 第二種狀態是削弱（tanu），就是煩惱被削弱、磨薄、淡化了。這是一種進步的象徵，是好現象。

- 第三種是受抑制（vi-cchinna），被其他煩惱所壓制、所反制、打斷了的狀態。例如，你目前愛著某人，愛戀（rāga）本身就是一種煩惱，因為愛戀，所以憎厭（dveśha）對方的煩惱就受到抑制。可是，一旦受到什麼挑撥，憎厭的情緒就起來了，愛戀之情反而受到壓抑。所以，不要被暫時的受抑制狀態所欺矇。當一切如意的時候，你認為已經克服了自己的嗔心，其實它只是處於被抑制的狀態而已。

- 第四種狀態是熾盛的狀態（udāra），完全發作出來。

有人問，削弱和受抑制有何不同？削弱也是受到對立的力量所壓制，但是那個叫做「對治」（prati-prakṣha）。關於這個詞，我們在本篇第

33經會詳細介紹，它是一種好的、善的對立，例如，用善念來對治暴力的念頭。用正面的、善的、美的心念，來對治負面、惡的、醜陋的心念，這是《瑜伽經》中「對治」這個詞的意涵。因此，削弱是說，對治之道強過所要對治的煩惱，因此有破壞性的煩惱就變薄弱了。受抑制則是暫時受到另一種煩惱所抵制，而沒有發作出來。例如，在熱戀中的人，對方的言行都不會刺激自己，就是厭憎感暫時被愛戀感所克服。「厭憎」和「愛戀」是兩種煩惱，一個處於受到壓制，一個處於熾盛的狀態。當情勢易位，厭憎就會發出來而壓倒愛戀。

在四種煩惱當中，無明是最主要的，是生起其他煩惱的田地。什麼是無明？解釋在下一句經。

譯按，下文摘自斯瓦米韋達的《釋論》。

修行瑜伽的人，如果能經常細思、培養煩惱的種種「對治」（尤其是針對無明的對治），就容易控制感官對外境的執著。因為煩惱是對心地的「干擾」（vi-kṣhepa），所以必須努力將它們根除。前人說過：

- 正在深入思辨諸法實相的人，煩惱是在休眠狀態。

● 對瑜伽士而言，煩惱是在削弱狀態。

● 執迷於感官之境的人，煩惱是在抑制以及熾盛的狀態。

以下是綜合各家對各個煩惱所提出的對治之方：

無明：經由聞、思、修、證的學習途徑，來培養正知（samyag-jñāna）、正見（samyag-darśhana）。

有我：對本我（ātman）以及為其所用之具（karaṇas），起分別見（bheda-darśhana）。

愛戀和厭憎：居於中道（mādhyasthya），知道對任何人事物都應該既不拒（a-heya），也不迎（an-upādeya）。對愛戀者以培養無執心（vairāgya-bhāvana）來對治，對厭憎者以培養友慈心（maitrī-bhāvana）來對治。

死懼：「身體為本我所必要」以及「此身能存續不絕」的觀念，均應斷除（anubandha-buddhi-nivṛtti）。應培養如「我乃不朽（a-jara）」、「我乃不死（a-mara）」之念。

II.5 anityāśhuchi-duḥkhānātmasu nitya-śhuchi-sukhātma-khyātir avidyā

將無常、不淨、苦、非我，認作常、淨、樂、我，乃是無明。

經文拆解註釋

a-nitya-：無常、無法永久

a-śhuchi-：不純淨

duḥkha-：苦

an-ātmasu：（以）非我、無我

nitya-：常、永久

śhuchi-：純淨

sukha-：樂

ātma-：我

khyātiḥ：認知

avidyā：無明、無知

全段白話解讀

無明就是四種顛倒，

錯誤地把無常當作常，把不淨當作淨，

把苦當作樂，把非我當作本我。

無明就是顚倒，把無常當作常，例如，我們明知這個世界有一天會毀滅，但是偏偏當它是永遠不會變的。又例如，我們以爲居住在天界的天人是永生不死的，也是顚倒。

譯按，斯瓦米韋達解釋，在印度哲學中，包括佛教，天界（svarga）的概念不同於猶太、基督、穆斯林教的天堂，也不是瑜伽所要追求的終極解脫（mokṣha）境地。天界境地可能比人世的百萬年還長久，但終究不是永恆的，仍然是無常的。天界的種種妙樂享受，是由於善行而來，是業的作用，地獄（naraka）也是如此。

我們認爲這個身體是美麗乾淨的，卻無視身體的每一處孔竅、所有的開口處都在排出污穢。關於這一點要小心造成心理的陷阱，有人會因而刻意去毀損身體，那反而也是一種病態心理，是要避免的。

我們在會帶來痛苦的事物中找樂子，例如，有人認爲飲酒是件樂事，可是飲酒最終會帶來苦痛。對於開悟的聖人，我們以爲是樂的事，他們避之唯恐不及（見本篇第15經的說明）。

這些顚倒的根本，就在於我們把「非我」當作「我」，把「我」當作「非我」。我們把身體認作是我，就是無明。在《吠檀多》（Vedānta）

中有一段寫道，有人把自己的兒子、妻子當作自己，因此兒子遭到什麼不幸，就認爲自己毀了。這都是一種錯亂顚倒的認知。

我們先是把身體誤認爲「本我」（ātman），再來把呼吸誤認爲本我，接著把「氣」（prāṇa）誤認爲本我，把「微妙身」（sūkṣhumaśharīra）誤認爲本我，再進一步把心念思想誤認爲本我，以至於把「布提」（buddhi）誤認爲本我。這一系列的過程就是將要在本篇第10經講解的所謂「反溯」（prati-prasava），是一種修行進展的現象。每證悟到下一個層次，感受到那個層次的特殊景象，見到光、聽到音聲、見到神，就以爲自己到了究竟，就把那個層次當作本我。這些現象我們在不同的地方都提到過，千萬不可執迷。

II.6 dṛg-darśhana-śhaktyor ekātmatevāsmitā

見者與能見力似爲同一，是爲有我。

經文拆解註釋

dṛk-：見者（之）

darśhana-śhaktyoḥ：能見之力

eka-ātmatā：同一之狀

iva：似乎

asmitā：有我

全段白話解讀

當見者力（亦即「本我」〔purușha〕）

和能見力（亦即「布提」），

這兩股不同的力似乎成爲混同的狀態，

那就是稱爲「有我」的煩惱。

我們先要瞭解什麼是「夏克提」（śhakti）這個字。在這裡，我們只能講這個字，而不是講它的哲理，因爲那個題目太大了。整個印度的哲學，幾乎有一半都是以「夏克提」這個字爲中心。這個字有種種翻譯，最常見的是「力」、「能量」、「精力」等等，但實際上，這個字的意思是「勢」，就是拉丁文的potentia，英文則是potential，是「有能力從事」的意思。有能力從事「什麼」？沒有說，就是「有能力」。用爛英文說，就是can，不是助動詞，而是動詞。任何的能力都可以適用。而英文字的potential只表示有潛力，沒能完全表達拉丁字的意涵。

這裡的經文說有兩種的「力」，兩種的「勢」，這些是非常難的字眼。

一種力是dṛk-śhakti（見者之力）。dṛk的意思是「見者」，是由動詞字根「√dṛśh」（見、覺察）而來，就是本我。見者力也就是本我力（puruṣha-śhakti）。

另一種力是darśhana-śhakti（能見力）。darśhana在這裡的意義類同sādhana，是工具，它就是那個覺察的工具、能見的工具。因爲有這個工具，才有了覺察、能見的經驗。總體而言，工具就是「原物」（prakṛti）。根據數論哲學，從原物演化到具體的肉眼，大約要經歷十七個層級的演變❶，都算是工具。誰的工具？原物是爲本我服務的，是本我的工具。本我可不是用眼睛在看，本我是用「布提」在看的。布提是最接近本我、最微妙的物質能量，布提就是那能見力，是工具，是之所以能見的工具，是那股能爲本我服務的力。

「布提」這個詞幾乎無法翻譯成別的語言，常見把它翻譯成「智力、聰慧」，但那可不是我們此處所講的東西。智力、聰慧等字眼，都是屬於心的功能。因爲沒辦法正確翻譯，所以我們不翻，只好直接稱爲「布提」。就像是「瑜伽」（yoga）這個梵文名詞也無法正確翻譯，所以大家都說原文「瑜伽」。「瑜伽」不是英文，不是德文，現在成爲全世界通行用語。「布提」是「原物」內最微妙的能量，是本我反映在原物之中的所在。我們想實證布提，可是要到非常高深的境界才辦得到。智力、聰慧根本不算什麼。就是因爲本我反映在布提之中，使得布提誤以爲它是本我，以爲自己是見者，而其實它只是個工具。所以，瑜伽修行的目的，在於將本我和原物給分開，要明辨兩者是完全不同，也不會融合在一起的。

我們因爲「無明」，將兩者當成一個，就是經文中的另一個字「ekātmateva」（猶似一己的狀態）。這個複合字是由eka-ātma-tā-iva組合而來。eka是「一」，ātma是「自己、自我」，tā是「狀態、質性」，iva是「似乎、好像」，合起來整個詞的意思是「似乎見力和能見力是一己的狀態」。可是，見力和能見力根本不是同一件事，我們的心態卻把它們認作似乎同是一己。

將本我和布提視爲似乎是同一的，就叫做「有我」（asmitā）。這又是一個難字，我勉強把它翻成英文的「I-am-ness」（我如何、我是），也是爛英文，根本不可能有這種字詞。不幸的是，整部《瑜伽經》都只能翻譯成爛英文，完全沒辦法用正確的英文來翻譯。

威亞薩在他的註解中引用了一段話，是出自「五焰」（Pañchaśhikha）大師。五焰是最早傳授數論哲學的其中一位祖師，他所寫的經文已經失傳，後人只能靠前人引用他寫的經文而零星見到幾句，例如，此處所引用的句子就是。他說：

> 「由於觀念不清，誤將布提當作本我，殊不知本我因恆淨、超然、本覺之故，離布提而位居其上。」

但是，五焰所使用的名詞，和我們在其後數論哲學以及《瑜伽經》所習慣見到的，會有所不同，所以需要解釋。五焰用了三個名詞來形容本我的本質：ākāra、śhīla、vidyā。

記住，很多字在哲學用語中的意義，和它們在日常用語中的意義，是不同的，不可以混爲一談。大多數人卻用日常用語中的意義，來翻譯哲學用語，難怪哲學被弄得四不像。我對這點是非常小心的，不會用印地、孟加拉的用語來解讀梵文原典。

ākāra在現今的印地用語的意思是「形態」，而此處用來形容本我的意思是「本來純淨」。因此，本我是永遠不會衰敗腐朽的，這是本我的基本義理，本我是常，是不會變異的，這就是ākāra。

śhīla的意思是「無染無著、超然中立、坐在上方」，無論布提經歷到什麼，本我都不受沾染。我們對外界的一切認知體驗，是在何處體驗的？它們是在何處發生的？不是在報紙上發生的，不是在別的地方發生的，而是在讀報之人的布提中發生。

布提就像是祕書長，所有的報告、所有的事件都跑到它那裡去，可是它既不會也不能把這些轉給眞正的主人。這位主人高高坐在布提之上，收不到也不必收任何報告，是不受任何影響，無法買通的。世界上任何事物，樹木生長、鳥兒飛翔、炸彈爆破、合約簽訂、男女婚嫁、生兒育女、爭產奪利、穿紅戴綠、音聲琅琅，這一切一切的經驗都只是在你的布提中發生，你沒有辦法證明它們是在你的布提之外發生的。就算你身體不舒服，也是在你的布提中體驗到。儘管病痛是發生在身體上，但是你感覺及體驗疼痛的所在是布提。你的身體是反映在布提中，正如同外界的一棵樹反映在你布提中一樣。

譯按，斯瓦米韋達說，根據瑜伽，我們能知能覺的所有外境，都是我們內在覺知所經驗到的。所以，煩惱的對治也是始於心而終於心。至於離開內心的覺知，外境是否眞實獨立存在，是千百年來爭論不斷的哲學議題，在此可以不論。

vidyā在此處不翻譯成「學問」，而是「本覺」（chaitanya）。

所以，這些是本我的本質。而布提是相反的。布提是會變異的。布提不是坐在上方，不是超然的。布提不是那本覺，它的覺知不是本有的，是藉由本我的反映而似有的。

布提誤認自己是本我，就是無明。無明開始起作用，每當我們說：「我是男、是女，是老、是少，是幸福、是痛苦。」開始有這種「我如何、如何」的時候，那就是「無明」煩惱衍生出「有我」煩惱，由此才再衍生出愛戀、厭憎、死懼等三種煩惱。

譯按，斯瓦米韋達在他寫的《釋論》中，特別說明了，「有我」（asmitā）是《瑜伽經》的特殊用詞，和數論哲學中的用詞「我執」（ahaṁkāra）不盡相同。

「我執」是由原物衍生出「大」（mahat），從而再衍生出來的，本質是「物」。「有我」則是本我反映在布提中所生起的過程，是一種煩惱。他也說過，布提對外的一面叫「我執」，對內的一面叫「有我」。

在《瑜伽經》第一篇第17經講到，初三摩地，也就是有智三摩地，分爲四層，最高境地是證到了「有我三摩地」（asmiānugata samādhi）。第一篇第36經提到的那種極美妙的禪定，是一種「唯我」（asmitā-mātra）的定境。但是在第一篇中，asmitā是包括了「有我」及「情識和合」（composite sentience）兩種意涵。而在第二篇，asmitā是煩惱的一種，只是「有我」的意涵。

譯註：

❶請讀者參閱《瑜伽經白話講解．三摩地篇》第272頁。

II.7 sukhānuśhayī rāgaḥ

樂受之伴隨乃愛戀。

經文拆解註釋

sukha：樂受、樂感

anu-śhayī：伴隨、緊緊跟隨

rāgaḥ：愛戀、貪執

全段白話解讀

緊隨著樂感而起的感受，

就是愛戀執著。

五個煩惱中的第三個是「愛戀」(rāga),這個梵文字有染色、誘惑、執著的意思。什麼是執著?定義是心受到染色。當碰到任何的舒適、樂趣,心思停留在那舒適、樂趣之上,仍然受到那樂趣所吸引,想再去享受那樂趣,就是貪執,就是所謂的愛戀,就是心受到某種經驗所染色。

譯按,斯瓦米韋達在《釋論》書中,特別解釋了本經和下一句經中的「樂受」和「苦受」兩個字,可以加深我們的瞭解:

讓我們很快地介紹「樂受」(sukha)和「苦受」(duḥkha)二字。「樂受」字首的su,意思是「好的、樂的、歡迎的」。「苦受」字首的duḥ,則是「不好的、不樂的、排斥的」。字尾的kha是「空間」的意思。在《吠陀》和《奧義書》中,有三種空。第一是梵(brahman),例如:「om kham brahma」這句摩訶偈語,意爲「空即是梵」。第二是宇宙中的空間。第三是我們感官(根,indriya)中的空間。在我們感官的空間內所接觸到的樂,是樂的感受。反之是苦的感受。心上的樂和苦也包括在其中,因爲心意也是一種感官(根),是第十一根。

II.8 dukhānuśhayī dveśhaḥ

苦受之伴隨乃厭憎。

經文拆解註釋

dukha：苦受、苦感

anu-śhayī：伴隨、緊緊跟隨

dveśhaḥ：厭憎、排斥

全段白話解讀

緊隨著苦感而起的感受，

就是厭憎排斥。

五個煩惱中的第四個是「厭憎」(dveśha)。愛戀是貪著於某種樂趣的經驗，想要再度享受那個樂趣。同樣地，厭憎是曾經遭遇過苦痛，記得那個不愉快的經驗，想阻擋或排除會引起那個苦痛的原因，由於這個逃避的欲望十分迫切，就變得憤怒乃至暴力。這叫做「厭憎」。請記住一點，暴力是由於想要避免某種苦痛而引起的。當你見到別人流露出憤怒或暴力的行爲，你應該觀察是什麼樣的痛苦引起了他這種行爲，然後你要以慈悲來對應他的憤怒。

假如你是個眞修行人，那麼面對憤怒之人時，你只應該有一種反應，就是去找出什麼令他痛苦。有人會認爲這太難了。但是，你知道嗎？我覺得這才是最容易的辦法。假設別人對你不客氣，你提高嗓門吼回去，對方失控而採取更激烈的行動，然後你去找警察。這樣下去，只會把事情弄得越來越複雜，變得更難收拾。最簡單的方法是當下打住，不要升溫，不要把問題複雜化。可是就有人偏偏要把自己的生活弄得很複雜，讓自己受盡糾纏。

II.9 sva-rasa-vāhī viduṣho'pi tathārūḍho'bhiniveśhaḥ

自然流露，即使於智者也同等生起者，是死懼。

經文拆解註釋

sva-rasa-vāhī：自然流露

viduṣhaḥ：（於）智者

api：即使

tathā：如同

rūḍhaḥ：生起

abhi-ni-veśhaḥ：恐懼死亡，延續生命之欲望，成爲一種偏執。

全段白話解讀

這自然流露出來，
即使對於智者，也會如同無知者，
同樣生起對死亡的恐懼和延續生命的偏執，
就叫死懼。

「abhi-ni-veśhaḥ」這個字的意涵不容易簡單表達，大多數時候只是把它翻譯成「對死亡的恐懼」，但並非如此而已。abhi-ni-veśhaḥ可以是好的，也可以是不好的。不好的那一面，是指任何一種強迫性的偏執，無法自拔的那種。好的一面，是說讓善念沉澱在我們心中，根深蒂固，但那是這個字在別處的用法。譬如說，你決定要證悟解脫，將這個念頭牢牢掛在心頭，那就是一種好的執著。

至於這句經中所講的那種偏執，有另一個版本的寫法，就是加了tanv-anu-bandhaḥ，意思是「繫念於身」，身見太重。

如果你執著的念頭是：我要得解脫。那是好的執著。如果你執著的念頭是：這個身體就是我，我要這個身體長久延續不衰。那就是不好的執著，是一種恐懼的偏執。所有生物都有一種共通的禱念，那就是：「願我不非存，願我得存。」（mā na-bhūvaṃ bhūyāsam）這個梵文的表達法非常美妙，前面是雙重否定「願我不要不存在」，後面是肯定「願我能夠存在」。在梵文有兩種表達心願的語氣。一種是盼望式（optative），一個是祈福式（benedictive）。「願我能夠存在」就是祈福式的表達法，願我得到祝福而能夠永遠存在。每一個生物都有這樣的心願。

對於「不存在」的恐懼感，只有以前經驗過死亡的生物才會有。威亞薩說：「我們不想重複經歷死亡經驗，我們之所以恐懼死亡，證明了我們有過前世。」經文用「sva-rasa-vāhī」這個字，「自然流露」，即使是初生的一條幼蟲也會有這個恐懼感。誰對它說過有死亡這回事？告訴它曾經毀於死亡？所以我們生下來就帶著那個「心印」

（saṁskāra），就帶著那種印象而來。有人會說：「對死亡的恐懼是生物的本能。」那我要反問：「你要如何定義本能？」你說：「本能是一種你生而有之的東西。」例如大象會偏好某種食物，是因爲牠的身體需要那種食物。而如果你再追究，大象的身體之所以會偏好某種食物，是因爲牠身體帶著大量的訊息，這訊息就是我們心靈用語所謂的「心印」。

死懼是列在厭憎之後，所以它也是一種厭憎、一種厭斥，想要避開的心態。有學者說：「恐懼死亡的心態和焦慮是同義字，也是一切恐懼的通稱。」我們所有的恐懼都是某種成分的死懼，我們所有的恐懼都可以歸納爲死懼。

還有學者說：「死懼是一種煩惱，因爲它會給所有生靈帶來痛苦，而這個痛苦是起源於他們曾經犯下的惡行。」換言之，恐懼的源頭，尤其是對死亡的恐懼，是內心有意識或無意識地覺知，自己曾經對其他生靈所犯下的惡行會得到報應。

威亞薩說：「這種恐懼死亡、希望生存的偏執，不只是最愚蠢的人如此，即使最有知識、有智慧的人也不例外。」這完全不關學問的事，你讀遍所有的哲學也沒用。我們執著於無常的身體，認爲它會永久存續下去，所以對身體的死亡有恐懼和拒斥，那正是一種無明顚倒。

以上是五種煩惱：無明、有我、愛戀、厭憎、死懼。「煩惱」在《瑜伽經》第一篇內又稱爲「顚倒」（viparyaya），屬於「心念」（vṛtti）的一種，又分爲六十二類。但是，你要注意一點，那六十二個分類是針對靈性已經非常高的生靈而言，所以即使連梵天（Brahmā）也會有死懼的煩惱苦痛。此處的死懼則是針對中根的修行人，所以沒有分列那樣的六十二類。上根人的愛戀，是貪執於自己的微妙身，貪執於種種神通。而對於阻擋他們享有神通或追求神通所起的排斥心，就是他們的厭憎。梵天的壽限是一百年，他們也會恐懼死亡。不過，梵天的一晝夜，可是等於我們這個宇宙世界的一次生滅循環的長度。比起梵天來，我們就像螞蟻。他們生命的一百年等於我們這個宇宙三萬六千五百次循環生滅。

行瑜伽・煩惱

煩惱之斷

第10～11經

II.10 te prati-prasava-heyāḥ sūkṣhmāḥ

彼等細微，以反溯而斷除。

經文拆解註釋

te：它們、那些

prati-prasava-：反溯，逆向消融

heyāḥ：斷除

sūkṣhmāḥ：細微

全段白話解讀

那些已經由粗變得細微的煩惱，

要靠逆向消融之修行，

才能將它們斷除。

我們先看「prati-prasava」這個字。prasava的意思是「生起、產生」的過程。prati-prasava則是反過來，逐步消融的過程，是反溯回到源頭。依據數論哲學，物質是從「原物」生出「布提」；再生出「我執」；「我執」相繼生出十一類「根」；「我執」也生出五種「唯」（tan-mātra），五「唯」又再生出五「大種」（mahābhūta）。這個生起的過程，是從最細微的「原物」，一路漸漸變粗，到最粗大的五大種。也就是從最高頻率的能量，一路變成最低頻率的能量，變成粗大凝重的物。這些請各位去復習數論哲學。

把這個生起、開顯的過程逆著回去，就是反溯（prati-prasava），是逆向進行，一路消融回到源頭，低頻率能量逐步融回到高頻率能量中的過程。這就是禪定的整個頻譜。這就是修行人的目標，藉由靜坐禪定，把粗重的融回到上一個比較細微的層次，再融回到再上一個更細微的層次，如此一步步逆著回去。在這樣靜坐的過程中，修行人對「我」的體認，會從粗大的，一層一層地變得更細微。原本以爲身體是我，漸漸變成以爲呼吸才是我，在那個階段，你會以爲除了呼吸沒有別的，你就只是呼吸。但這只是剛開始，後面還有很長的過程，一路下去，到了布提，然後連布提也融入原物。與原物平行存在的「本我」則是無牽無涉，原本孤寂地存在。

所以，生的過程是順的，是prasava，是離源頭越來越遠。修的過程是逆的，是prati-prasava，一步步回到源頭。這也是從性靈的角度來看宇宙世界的開顯和沉隱。當今所謂的「進化」，就是prasava，其實從瑜伽來看是一種退化，好像從首相到部長，再到各級官員，權力越來越小。當你逆著回去，融回到共通的源頭，一切都是一，你我就不再是分離的個體，你就不可能是我的敵人。試問，同一個身體的左手怎麼會去攻擊右手？它們內在流動的是同一個生命力，怎麼會相互攻擊？你我都像是同一個神的手上不同的手指，可是我們都患有嚴重的人格分裂症。

數論哲學說，原物的使命就是替本我服務。對於尚未得解脫的人，反溯的禪定法門就是一個得解脫的工具。原物以服務本我爲目的，除此之外沒有其他目的。一旦解脫了，原物的任務完畢，就用不著它了。既然用不著原物，所以布提、心識都用不著了。這是一種瑜伽之道，稱爲「絕慮瑜伽」（a-manasaka yoga），是無心，心慮的作用都不起了。中國禪宗的大師們講究「無心」，他們對這種修行法有非常詳盡的教導。

我們在講《瑜伽經》第一篇第1經的時候說過，瑜伽是什麼意思，你們還記得嗎？根據威亞薩，「瑜伽就是三摩地」。在這個意義的前提之下，瑜伽的定義就是第2經所說的：「瑜伽乃心念之止息」（yogaśh chitta-vṛtti-nirodhaḥ）。什麼是「止息」（nirodha）？如果你不瞭解什麼是止息的話，就會被很多翻譯所誤導。有人把止息翻成「控制」，這並沒有錯，但是要進一步問，到底什麼才叫控制？控制是「眾心念之消沉，融入它們本自的源頭」（vṛttīnām sva-karaṇe layaḥ）。心念的「源頭」（肇因，karaṇa）是什麼？在數論瑜伽中，「肇因」是產物所從而生出者叫做因。例如，陶罐的因是陶土。那麼，心念的因是什麼？在《瑜伽經》中，是用「心地」（chitta）這個字來表示心念的因。心念是從心地所生起，如同湖的波瀾是從湖面而起。將那些波瀾平息，化入湖中，就是止息。把心念平息，化入它們的因，就是止息。再下一步是將心地化入它的因。心地的因是什麼？

我們要知道，《瑜伽經》中的「心地」這個字，是一個統稱，等同於一般我們稱爲的「內具」（antahkaraṇa）。「內具」包括了心意（manas）、我執、布提、質多（藏識〔chitta〕，與「心地」是同一個字）。那麼這個「內具」的因是什麼？它是從哪裡生起的？它的因，是「原物」，就是那三個質性（guṇas，即悅性、動性、惰性）保持在絕對均衡的狀態。所以，心念化入心地，心地化入原物，因此，悅性、動性、惰性三個質性變回絕對均衡的狀態，它們被相互抵消。到了這個地步，就叫做「消融」（pra-laya），世界平沉，宇宙消融。進化論講物種的演化，宇宙學講宇宙世界的發展成型。數論瑜伽講的是心的開顯和沉隱，要從這個論點來學習它。它是內學，是在講內在的生起和消融。心地消融了，在其中的煩惱也就得以斷除。

有人問：「《瑜伽經》所講的止息，是否爲徹底地止息？會再冒出來嗎？」這個問得好。徹底解脫了的人，能夠完全控制原物，他可以再造出一個宇宙來，可以爲自己再造一個身體，而身體當然就需要有心地心念來運作。

（譯按，以下是斯瓦米韋達在回答學生的提問，但是錄音中聽不見所提的問題是什麼。）

有人以爲原物是有覺的，其實正好相反。原物、布提、心念都是物，根本是無覺的。有覺的只有本我。因爲本我的覺光反映在布提內，才使得布提、心念顯得似乎有覺。它們像是鏡子，如果鏡子都沒有了，就無從反映。這裡所講的，就是把鏡子永遠打碎。心地也是無覺的，梵文「chitta」這個字在文法上來講是「現在被變成有覺」，所以它本來就是無覺的。我們以爲自己是一個分離存在的個體，其實我們只不過像是海中一個個波浪，與大海既不可分，但又是可分的，它有自己的一股力在驅使它。梵文「jīva」（生命）這個字在技術上來講，是指個別的生命。

譯按，以下摘譯出自斯瓦米韋達的《釋論》對本經的解說：

本篇第1經定義了什麼是行瑜伽，第2經說行瑜伽的目的是削弱磨滅煩惱。如果我們不明白什麼是煩惱，就無法征服它，因此第3至9經就是在定義及解說種種煩惱的相貌。

我們在世間的活動就是離定（vyutthāna），它是因煩惱而來。所以，煩惱是我們心地的干擾（vi-kṣhepa），讓我們無法得定，無法串習、專一（ekāgratā）而進入三摩地。因此，我們修行時必須先去除煩惱。

本篇第4經說明了煩惱會處於四種狀態，那是屬於比較粗（sthūla）的狀態，要經由淨化法門（例如清明愉悅心〔第一篇第33經〕）以及行瑜伽，予以削弱，使得煩惱成爲比較細微（sūkṣhma）的狀態。細微狀態的煩惱會以心印習氣種子的形態，留存在心地中。第10經告訴我們，如何能把細微狀態的煩惱完全清除乾淨。這唯有在反溯的過程中，將心地消融，化入了它的源頭，那些藏在心地中細微的煩惱，才能因而得到徹底斷除（heya）。下面第11經接著說，藏在心中成爲種子的煩惱，在還沒被燒焦之前，會又化爲心念（vṛittis）冒出來，就要靠禪定的功夫將心念斷除。

第10、11經提出了「斷除」（heya）這個詞，就是應該斷除的，這個「應斷」也就是「苦」。整個數論瑜伽哲學就是致力於斷苦，下面在第16經會接續說明。

II.11 dhyāna-heyās tad-vṛttayaḥ

彼等心念以禪定斷除。

經文拆解註釋

dhyāna-：（以）靜坐、禪定

heyāḥ：斷除

tat-：那些

vṛttayaḥ：心念

全段白話解讀

那些由前述煩惱所生出之種種心念，
是應該斷除的，
可以藉由禪定靜坐的手段
將它們淡化、去除。

在第10經說讓煩惱隨著心地完全消融，但是在沒有完全消融之前，它們還是會繼續生出種種「心念」。前面第4經說過，在未消融前，它們是會以潛伏、削弱、抑制、熾盛等四種狀態存在。威亞薩說：「還有一個第五種狀態，是有如被燒焦種子的狀態，不會再發出來。」這就需要不斷用靜坐禪定的方法來淡化它們，才會逐漸變得薄弱而細微，直到被燒焦，所以才不再起作用。

威亞薩用一個洗衣的例子來說明斷除煩惱，他說：「大塊的污泥，可以直接抖落，細微的污漬就要多花一些功夫，就要有方法才能洗淨。同樣的道理，粗的煩惱可以用比較簡單的方法去斷除，細微的煩惱心念，我們很難察覺它們的存在，就需要非常細緻的功夫來對治。」

在斷除煩惱的實踐上，行瑜伽就像是在抖落衣服上的泥塊，能夠除去粗大、可以意識到的、顯現出來的種種煩惱。禪定則是先將煩惱所生心念的強度削弱，然後防止習氣被啓動而發作出來。相續不斷的明辨慧之流，則是逐漸將種子燒焦，這跟心地的完全消融是同時發生的。只要衣服還在，它就有沾染污漬的可能，只有當衣服毀滅了，才不會沾染污漬。同樣地，只有心地消融了，煩惱習氣才不會再生出心念。

目前經文仍然在講述「煩惱」這個題目。接下來第12至14經則是講述「業」。這是非常大又繁瑣的題目，我們在初級班只能點到爲止，在我寫的《釋論》裡有比較詳盡的探討，請各位自行參閱。

行瑜伽・煩惱

不斷除煩惱之後果（業）

第12～14經

II.12 kleśha-mūlaḥ karmāśhayo dṛṣhtādṛṣhṭa-janma-vedanīyaḥ

煩惱乃業庫之根，於此生可見或不可見均得驗。

經文拆解註釋

kleśha-mūlaḥ：煩惱（爲其之）根

karmāśhayaḥ：累積業力之所在、業庫

dṛṣhṭa-：可見

a-dṛṣhṭa-：不可見

janma-：生、世

vedanīyaḥ：所經驗

全段白話解讀

業力所累積的業庫，其根源是煩惱。

業力之果報或者在此生就能見到、經歷到，

或者將在來生見到、經歷到。

前面的第10、11經告訴我們，該如何把煩惱給斷除；現在第12經則說，只要煩惱還沒斷，業力就會不停累積、成熟、報應。若此生沒見到報應，就會在來生報應。第13經是描述報應會在三個方面體現出來。

「業庫」（karmāśhaya），是「業」的累積所在地，它的根是煩惱（另一種解讀則是：煩惱的根是業庫）。業報會在此生見到、經歷到，然而，若是此生沒有見到業報，則會在來生見到、經歷到業報。像是貪婪、愚癡、嗔怒這類業行，要多久才會成熟而產生果報？威亞薩說，這取決於你。對於純淨之人，當他們非常精進密集地做禪定和持咒的功夫，或者他們發大心奉獻於神明、聖人，他們的業會很快成熟，此生就會得果。而「煩惱深重」（tīvra-kleśha）之人（我們要明白一點，在瑜伽哲學裡說人的煩惱深重，並不帶有道德的意味，而說人貪婪、愚癡、嗔怒也不是譴責批判，只是表示他有煩惱），若是對於驚惶、疾病不幸者，或者對於信任自己者，或者對於神聖者、苦行者，屢屢施以惡行的話，那麼此人的業也會很快成熟而得果報。

II.13 sati mūle tad-vipāko jāty-āyur-bhogāḥ

根在，彼熟爲類、壽、驗。

經文拆解註釋

sati：存有

mūle：根

tat-：它（之）

vipākaḥ：成熟果報

jāti：物種，族類，身類

āyus：壽限

bhogāḥ：所受、體驗、報驗

全段白話解讀

只要煩惱的根還在，

業報的成熟將體現在三種報應：

所出生的物種族類（以及身形）、

壽限的長短、

一生要經歷的苦受和樂受體驗。

威亞薩爲本經寫了很長的一段註釋，我們沒辦法在此帶大家研讀，否則光是詳細解釋這一句經，我們就得用上一年的時間。

譯按，「業報」是個大題目，在斯瓦米韋達的《釋論》中，爲這一句經用了四十頁的篇幅，「簡單地」介紹了威亞薩的註釋以及各家的解讀，所涵蓋的題材極廣，例如，究竟是一世一報、一世多報、多世多報、多世一報？現世報或來世報如何決定？人在臨命終時，此生所有作爲的記憶會剎那間湧現的現象；因正當防衛所引起傷害的業報；命終後投生爲天人或畜生之可能；天人或動物有無造業問題等等，極爲豐富。讀者可自行參閱。

前面說過，「業庫」的根是煩惱。本經說，只要那些根還沒斷，業就會繼續成熟結果，就會體現在你的物類、壽限、歷受三個方面。「物類」是你將會生爲哪一類的物種，是蟲，是大象，還是人類，或者是恐龍，是哺乳類，還是禽類。「壽限」是你將會在那個身形中活存多久。「歷受」是你在那個物類的形體內會有什麼樣的苦樂經歷。這些就叫做「熟」（vipāka），業力的成熟。

威亞薩在此花了很多篇幅來討論，究竟是某個特定的業行造成某個壽限，還是某些業行合起來造成某個物類、壽限之類的問題。我們沒辦法一一介紹。總之，威亞薩警告我們，「業之理，複雜而奇異。」大家不要以爲好懂。

有人問，天堂和地獄和果報的關係。我們在前面學習過六十二種地獄，就是由五種煩惱所演化出來。法國文學家伏爾泰寫過一個故事，有個人一生犯下無數偷盜、傷人的行爲，他死後被帶到上帝面前，上帝說：「你要下地獄！」這人驚異道：「什麼！人間不算地獄？還有更多地獄？」天堂和地獄都是一種心識的狀態。你把地底挖穿了，也找不到地獄；你搭乘太空船，往上飛多高也找不到天堂。這些都是心識的狀態，當人死後，沒有了肉身，依此人所累積的「心印」，會有某些夢境似的經歷，如同我們有時在夢中會大聲哭喊出來。或是夢見有人壓在我們胸上，你掙扎不已，醒來發現原來是自己的手壓在胸上。這都是心識的作用，沒有具體的所在。在西藏的佛教系統中，這叫做「中陰境界」。在我那本叫做《禪定與死亡的藝術》（*Meditiation and The Art of Dying*）的書中，對此有所介紹。

II.14 te hlāda-pari-tāpa-phalāḥ puṇyāpuṇya-hetutvāt

彼等樂受、苦受之果，善行、惡行爲其因。

經文拆解註釋

te：那些、它們

hlāda-：樂受

pari-tāpa-：苦受

phalāḥ：果實

puṇya-：善行

a-puṇya-：不善行

hetutvāt：爲其因

全段白話解讀

那些物類、壽限、報驗，

以及所引起的樂和苦的果實，

它們的因是善行或惡行。

te的意思是「它們」，這裡指的是上一句經所講業報成熟的三個方面：物種、壽限、報驗。它們帶來的是樂還是苦的感受，端視它們的因是善行還是惡行。善行帶來善果，惡行帶來惡果。

問題是，究竟什麼是苦？一般人以爲是樂的，其實還是苦。這麼說不是要讓大家變得悲觀，而是要讓大家能「捨離」（vairāgya），不要執著於世俗的樂。這是就心靈層次而論，不是心理層次，兩者應該要予以區別。

很多人常常錯誤地把心靈的論述當成心理的論述。在學習像《瑜伽經》這樣的經典時，一定要避免犯這種錯誤。例如，心靈的論述說，「身體無足輕重」，並不是說你可以不注意身體、不照顧好自己的身體，那反而完全偏離了本意。它心靈上的意義是叫我們「不要執著於這個身體」。捨離、不執著，才能提升我們，悲觀灰心則會導致沉淪。

行瑜伽・四段鋪陳法

苦

第15～16經

II.15 pariṇāma-tāpa-saṁskāra-duḥkhair guṇa-vṛtti-virodhāch cha duḥkham eva sarvam vivekinaḥ

因壞苦、苦苦、行苦故，以及質性作用相違故，於明辨者一切唯是苦。

經文拆解註釋

pariṇāma-：變質、變異
tāpa-：熱、煎熬、灼燒
saṁskāra-：心印
duḥkhaiḥ：因爲苦的緣故
guṇa-：質性
vṛtti-：作用、運作
virodhāt：因爲相衝突、相違背的緣故
cha：以及
duḥkham：苦
eva：唯有、只是
sarvaṃ：一切、全部
vi-vekinaḥ：於明辨者

全段白話解讀

因爲壞苦、苦苦、行苦的緣故，
以及諸質性相互衝突的緣故，
對於有明辨慧之人，一切都只是苦。

這也是一段比較困難的經句。威亞薩闡釋上一句經時，最後的結論是：「對於智者，樂即是苦。」這個結論是怎麼來的？答案就在本經。他解釋，我們所經驗到的「樂」都是和「愛戀」煩惱交織在一起。愛戀就是讓心被染色。樂受經驗會成爲「業庫」的一部分，因爲樂受是因愛戀而有，所以業庫是由愛戀而生。同樣的道理，我們對於會引起苦痛的東西就起了「厭憎」煩惱，變得「痴妄」（moha），因此業庫也由厭憎和痴妄所生。

威亞薩接下來講了我最喜歡的格言，跟一切環境保育的問題也有關，那就是：「凡享樂即不免傷生。」（na-anupahatya bhūtany upabhogaḥ saṁbhavati.）我們的享樂必然會造成其他生靈的痛苦。換言之，任何享樂都是直接或間接在「施暴」（hiṁsā），就是造業。例如，你有食物可吃，就造成別人不便，就有人要去辛苦耕種、收割、運送、販賣。這個樂指的不是超脫世俗之樂，而是我們的感官之樂。在我們享受這個樂的背後，一定有別的生靈遭受到苦痛。我們不是要求你不可以享受，你仍然可以去享受，但是要記住這個道理。我們應該要爲自己的享樂做些彌補，做點回饋。每一回你有所享受，記得要爲宇宙做點事，回饋一些。不要只取而不予。若能夠這樣，環境生態自然也會得到保護。

譯按，斯瓦米韋達在《釋論》中提到，印度古法提醒世人，一般家居中至少擁有五個「屠場」：爐灶、磨子、掃帚、打穀機、水缸，因爲每天有無數生靈在其中受盡折磨和屠殺。而印度傳統家庭每天要做的五大祭（mahā-yajña），就是在爲家中的五個屠場消業。

能滿足我們感官的，我們稱之爲樂。得不到滿足的，我們稱之爲苦。屢屢做樂事成了習慣，徒然增加我們的愛戀執著，感官的要求也越高，不能讓我們眞正得樂。《薄伽梵歌》也告訴我們，放縱欲望無異於火上加油，是無法滿足欲望的，欲望只會更加熾盛。爲了沉迷於樂事，反而落入痛苦的陷阱，就像是爲了躲避蠍子而被毒蛇所咬。這就是經文所說的第一種苦，叫做「壞苦」（pariṇāma-duḥkha）。pariṇāma的意思是「變異而產生的後果」。因爲放縱自己的欲望，欲望帶來貪婪，貪婪造成干擾，後果就是苦，就是壞苦。

第二種苦是「苦苦」（tāpa-duḥkha）。tāpa的意思是「灼燒」。苦痛折磨如同燒灼一般。什麼樣的燒灼？我們討厭苦痛、排斥不如意，這種「厭憎」之情會累積在業庫中。厭憎和愛戀永遠是在一起的，當我們受樂因所吸引的時候，也同時在排斥苦因。爲了追求樂因，我們有可能對某人做出善行，而對他人犯下惡行，所以同時集下了善業和惡業。這是由於貪婪和痴妄所造成的。這是一種灼燒不安的苦痛，覺得有需要保護自己的樂，要敵視對樂的威脅，等等，就叫做「苦苦」。這種苦不只是個人會有，每個團體、國家都會有。

什麼是「行苦」（saṁskāra-duḥkha）？每一個樂和苦的經驗，都會在業庫中留下「心印」，當這些業成熟了，會生起苦樂摻雜的經驗，又再累積到業庫中。這個世界上沒有任何樂的經驗是只有樂、沒有苦的。有樂就會有某種苦雜在其中，是一起來的。不是你的苦，就是別人的苦。一般人見不到樂中暗藏著苦，只有智者才能見到。就像一條細絲放在指甲上，我們是完全感覺不到的。可是，如果把這條絲放在眼睛裡，就立即會感覺到。常人就像是指甲般地不敏感，智者就像是眼睛一般敏感，他在樂中能看見或感受到隱藏著苦因，明白縱情於感官之樂，不可能純粹是樂的。

經文的第二部分講「質性作用相沖」（guṇa-vṛtti-virodhāt），除了上述三種苦以外，我們在世上所遭逢的其他苦痛不幸，是因爲「質性」（悅性、動性、惰性）彼此相作用而引起的。這三種質性一直在爭奪主導地位，它們在你的內在和外在所引起的衝突，就是痛苦。 我們的心念也經常在衝突矛盾中，我們的念頭、欲望都是在衝突矛盾中，因而引起外在世界中的衝突矛盾，造成世界中的種種苦痛。而我們卻妄想在其中找到樂。因爲我們的內在有衝突（virodhāt），所以我們看外面的世界也到處是衝突。我們把自己內在的衝突加諸於他人，製造了別人的痛苦，更加深了自己內在的衝突。整個宇宙世界的衝突，最主要的就是悅性、動性、惰性的衝突，其次是心念作用的衝突。

有人問，懂了這些道理後，該如何化爲行動？我只能說，把自己從那個不敏感的指甲轉化成敏感的眼睛，是非常困難的。但是，我們應該慢慢培養自己的智慧，用這個原則去分析自己的每一個欲望、自己的每一個樂子。每逢起了一個欲望，就用這個原則去看它，自問該如何去處理它。不要想兩天就能起改變，很可能連兩輩子都改不了。但是，仍然要慢慢去培養改變自己的業庫，不斷地將這種看法注入你的業庫，以至於終有一天，這種看法能主導你的思想行爲。

還有一個建議是，把粗重的欲念轉變爲細微的欲念，把細微的欲念轉變爲更細微的欲念，終於它們會被磨得薄弱。所謂細微的欲念，即不完全只爲一己的私利而打算。到後來，變得越多是爲人，越少爲自己。我告訴你，到了那一天，你就不必再爲自己打算，自然會有一股力量來照顧你，自然會有人幫你打算。那也就是所謂的捨離，你自然會明白第17經中所說，悅性因動性而受苦。受苦的是悅性，引起受苦的是動性，而不是有哪一個「人」在受苦。我們後面會講到這句經。

回到威亞薩的解釋，他說：「因爲智者有此明辨慧，所以對他而言，一切都是苦。」這麼多重、多層次的苦，生出它們的種子就是無明。要去除無明，就要有正見。

如同醫療的學問分爲四重：病（roga）、病因（roga-hetu）、療癒（ā-rogya）、療法（bhaiṣhajya），瑜伽的學問也分爲四重：生死流轉之輪迴（saṁsāra）、引起輪迴的原因（saṁsāra-hetu）、從輪迴解脫（mokṣha）、如何解脫之道（mokṣha-upāya）。

對於中根修行人而言，尤其要知道瑜伽的四根支柱，你們應該要記住這四個字：應斷（heya）、應斷之因（heya-hetu）、滅（hāna）、滅之道（hāna-upāya）。這和佛教的「四聖諦」：苦（duḥkha-heya）、集（苦因，duḥkha-hetu）、滅（滅苦，duḥkha-hāna）、道（滅苦之道，duḥkha-hāna-upāya）是完全相同的。這種敘述的方法叫做「四段鋪陳法」（chatur-vyūha）。

「應斷」就是應該斬斷、除去、避免、放棄的。「苦」就是一種「應斷」，是要避免的。

「應斷之因」是會引起「應斷」的起因。「集」就是會導致苦的原因。在瑜伽來講，苦是由於「本我」和「原物」（就是「有覺」和「無覺」）的似乎結合所引起的，請參閱《瑜伽經白話講解．三摩地篇》。下面讀到第17句經中，會更詳細說明。

「滅」是完全放捨了，掃除乾淨了。那就是解脫。是徹底而永久地解除本我和原物的結合。重點在「永久而徹底」的消滅。這個概念在《數論頌》（*Sāṅkhyakārikā*）一開頭就提出來，我們求的是能將三種苦（譯按，自苦、人苦、天苦）❶永久消滅。例如，你吃東西可以解除饑餓之苦，但是你還會再餓，苦只是暫時被解除而已。事實上，就在你吃東西的時候，饑餓已經又開始慢慢來臨。你有男女之歡，在短暫的滿足之後，你那股欲望又會再度生起。所以，解脫是要超越苦痛；要徹底而永久地滅除苦，才是解脫。在佛教，「空」才是徹底把苦給滅了。數論則是主張「本我」就是「滅」，不該要的是「本我和原物的結合」。要滅的是那個結合的現象，這是從認識論上來說的「滅」，而不是本體論上的「滅」，因爲數論主張原物和本我都是不滅的。佛教主張的「滅」，則是從本體論上來說的。這是兩者之間的不同。認識論是說明我們如何認識任何東西，本體論是說明東西的本質是什麼，這是西方的哲學方法。至於吠檀多哲學在這方面的主張，則要視乎你對「物」的定義，他們對於「摩耶」（幻，māyā）的定義有種種不同層次的看法。例如，在《薄伽梵歌》中，摩耶就等同於原物。要詳細討論這些看法，我們還得講二十堂課才夠。關於數論哲學、吠檀多哲學與佛教哲學的關係，我做過很多思考，但是一直沒有時間把它寫出來。❷

「滅之道」則是達到「滅」的方法及手段，也就是「正見」（samyak darśhana）。在這裡，正見所指的不是正確的見解，而是「完全地證悟」。正見不是一種見解、信仰。證悟是有不同層次的，例如，證悟到氣身層，才明白自己不是肉身層。等進一步證悟到意身層，又明白自己不是氣身層，等等，這是一步一步來的。所以要特別強調，完全、徹底的證悟才是「滅」。有人以爲有了「明辨慧」就是完全證悟，其實還不是。

（譯按，此處似乎是斯瓦米韋達在回答學生的提問，但無法自錄音中聽見問題爲何。）

有一部非常深奧的書《曼都基亞頌》（*Māṇḍūkya Kārikā*），是商羯羅大師的老師的老師Gauḍapāda所著，他說兩者是合一的（譯按，斯瓦米韋達直接回答學生所問，沒有說是哪兩者。大概是談空和幻），你讀完後，幾乎無法分辨這究竟是佛教的論著，還是吠檀多的論著。

有人問，我們如何知道自己徹底證悟了？這就像印度傳統風俗中，當女兒出嫁之後，懷第一胎時要回到娘家待產，女兒問母親：「孩子要出來的時候，假如我睡著了，請你把我叫醒好嗎？」開悟是有不同層次的，這也是很多所謂「上師」的陷阱，因爲他沒遇到眞正徹悟的上師，所以他一有所悟，就以爲自己徹底證悟了。假如他有位眞正的上師，上師會告訴他：「這還不是！」可是因爲他比自己的學生境界高，學生就以爲他已經徹悟了。然後，一旦學生們發現他的某些缺點，就全盤否定他！問題是，這位老師雖然只悟到某個層次，還是可以帶學生去到那個層次。超過了那個層次，要另外找老師。還沒有完全證悟之前，仍然是在「心地」的境界中打轉，不過，那已經屬於非常高的境界，是「同體心」（samaṣhṭi-chitta），能在這同體心中體驗到同體大慈。當我們能將自己的個體心融入同體心，我們就會對其他眾生有同體的大慈心。

當你再進一步，把心念都給捨了，就能連那個愛心也沒有了，只剩下那本覺存在。本覺哪有可以去愛的對象？本覺就只有覺，「愛」這個字就變得沒有意義，可是，到了這一步，才是眞愛。例如，你那個一己之「我」，覺得整個身體都是我，它會對自己的手說「我愛你」嗎？完全證悟的人，他的眞愛就是如此。我們一般人口中所說的愛，都要有個「別的」做爲愛的對象。完全證悟的人是沒有所謂「別的」對象的。「奉愛」瑜伽的情操能帶人到某個境地，但終究還是有個愛的對象。等到超越了那個境地，神和信徒都消失了，哪還有誰去愛誰？

神祕蘇菲詩人卡比爾（Kabir）說：「愛之途徑狹又窄，兩者難並容。昔時有我，不見摯愛。於今有祂，我已不再。」（Narrow is the lane of love. Two will never fit. When I was, the Beloved was not. Now He is; I am not.）所以，沒有了信徒，也沒有了神。

但是，你要明白一點，在到達最終眞理之前所領悟到的眞理，在那個階段，它就是眞的。只有當你到了更高的境地，你才能領略原來那個境地不是眞實的。所以，你目前對自己父母、配偶、子女的愛，對你都是眞的。又像你對上師的愛，目前是眞的，但是其後上師會打斷你對他那種愛的執著。對神的愛，就算這還是一種沒有徹悟之前才會有的愛，也好過你對其他血肉之軀的愛欲。

又有人問，那我們是否該放掉所有世俗的欲望？不是的，這得有個漸進的過程。譬如，你有本事賺大錢，那你儘管去賺。可是，你要調整賺錢的目的，把某一部分貢獻出去服務他人，不要完全爲了私欲。能夠這麼做，本來是貪愛（rāga）的，就會變成了對神的奉愛（prema）。但是在哲學中，我們比較少使用「prema」這個字，而是用「maitrī」，就是第一篇第33經中的「慈」那個字。

有人問，既然沒有了神，也沒有了信徒，我們爲何還在痛苦中掙扎？問題是，到了那個境地，固然沒有了神，也沒有信徒，可是在我們目前的這個境地，還是有神、有信徒的。爲什麼我們不能把那個境地帶到人間來？是因爲我們還有很多累積的「心印」習氣，它們把我們擋在那個境地之外，所以我們的一切都是爲了自我。

我常說，你們自私，但還不夠自私，應該要絕對自私，把一己擴充到無限大，一切都成了我，除了我，什麼都消失了，那才是最終極的自私，自然就會無私了。

譯註：

❶見《瑜伽經白話講解．三摩地篇》的附錄〈數論哲學概要〉。

❷斯瓦米韋達在《釋論》中，為第15經所寫的註釋將近有五十頁，也只有在結尾時對佛教唯識論者所主張的證滅略作討論。

II.16 heyaṁ duḥkham anāgatam

應斷未來苦。

經文拆解註釋

heyaṁ：所應該斷絕、防免者

duḥkham：苦痛

an-āgatam：尚未到來

全段白話解讀

未來之苦尚未發生，

是應該避免和預防的。

威亞薩在本經一開頭就提醒我們，瑜伽之學、瑜伽之道分爲四段。那就是我們在前一句經講過的「四段鋪陳法」：所應該斷絕的、所應斷產生之原因、所應斷之滅、滅盡所應斷之方法。（在佛教則是「四聖諦」：苦、集、滅、道。）

heyaṁ是應斷，是所應該斷絕、避免、預防的，那是什麼？是尚未來到、還沒發生的苦痛折磨。對於你現在正在遭受的苦痛，它已經發生了，是避無可避，你無計可施。但是，有的人卻不停地繼續讓自己一而再、再而三地遭受它的折磨，因爲他們總是放不下，不斷地去回憶它。由於不停地回想過去的痛苦，就不停地被它折磨。你要知道，往者已矣，那些過去了的事，你無法改變它，應該把目光放在未來。你不停地回憶過去的苦痛，它的力量就一次比一次強大。所以，不要如此對待自己，要開始爲將來打算，要避免的、能避免的，只有未來的苦痛。

你問，有過去的苦，也有未來的苦，有沒有現在的苦？那你就必須要先給什麼是「現在」下個定義。當你說「現在」的「現」才出口，它已經成爲過去，「在」還沒來到。所以，「現在」是非常、非常短暫且難以捉摸的，現在的苦痛只存在於一個剎那之間，它在這個剎那中來到，你也無法避免，就像你無法避免每一個剎那的來到。那你爲什麼要爲它操心？應該要爲防止未來的苦痛而操心。

未來的苦痛還未發生，所以眾生都不去爲它操心。但是，瑜伽士就像眼睛一樣敏感，所以只有他會爲它而操心（譯按，菩薩畏因，眾生畏果。）因爲他知道：「因壞苦、苦苦、行苦故，以及質性作用相違故，於明辨者一切唯是苦。」就是前一句經所講的道理。

本經就是對於「應斷」的說明。

行瑜伽・四段鋪陳法

集

第17～24經

II.17 draṣhṭṛ-dṛśhyayoḥ saṁyogo heya-hetuḥ

能見與所見之結合，乃應斷之因。

經文拆解註釋

draṣhṭṛ-：能見者（之）

dṛśhyayoḥ：所見之

saṁyogaḥ：結合

heya-：應斷（之）

hetuḥ：原因

全段白話解讀

之所以會產生
應該被斷絕的苦痛，
是因爲能見者
和他所見之對象結合而導致。

我們在《瑜伽經》第一篇第3經讀過：「於是，見者安住於其本性。」（tadā drașhțuḥ sva-rūpe'vasthānam），用到了「見者」（drașhțṛ）這個字的「屬格」字型是「見者之」（drașhțuḥ）。誰是「見者」？「本我」是見者。

什麼是「所見」（dṛśhya）？到底是什麼被本我所見到、所覺知到的對象？威亞薩告訴我們，是「布提內所起的一切」，如此而已。我們所見到的一切，都是在「布提」之內所經驗到的，任何在布提之外的東西，都不是我們所見到、所經驗到的。這個道理，一翻開現代神經學的教科書就會讀到。你無法證明你現在坐在此地，你無法證明我現在站在你面前。我們所見到、所經驗到的一切，包括對外在宇宙世界的概念，遠的、近的，都只是布提內的境界。

威亞薩說：「這個『所見』就像磁石，一旦靠近它，就會起作用。」因此，引起那些應該避免的苦痛之原因，是能見的見者和所見之對象的結合，兩者靠在一起。瑜伽哲學對於什麼是外在的世界毫不感興趣，它唯一感興趣的是在布提內所經驗到的。這個世界上一切苦痛的起因，是有覺的本我這個見者，和屬於物的布提所經驗到的（所見）的接觸，就是見者與所見兩者接觸所引起的。要避免苦，就是要避免兩者的接觸。他舉了一個例子，腳會被刺所刺傷，刺有刺進腳的可能。要預防腳受到刺傷，就要避免腳和刺的接觸。一個辦法是避開踏在有刺的地方，另一個辦法是穿上鞋子來保護腳。在這個例子中，是哪一個在刺，哪一個受刺傷？他說，在刺的是布提的「動性」，而受刺傷的是布提的「悅性」，不是本我。

本我是不可能受到侵犯，是不會受到傷痛折磨的。悅性、動性、惰性三種質性都在布提中，布提是最接近本我的，所以原本是最眞純的，是由悅性所主導。但因爲動性爭主導地位，使悅性受侵犯，才有苦。可是，布提是沒有覺性的「原物」所衍生的「物」，它本來是無覺的，爲何會感受到苦痛？我們在講《瑜伽經》第一篇的時候說過，布提之所以是有覺，是「似乎有覺」，不是眞的有覺。由於有覺的本我靠近了、接觸了無覺的原物，這個接觸讓布提變得似乎有覺。

因爲如此，死的東西變得似乎是活的，我們的身體才顯得有生命。我把那個「有我」稱爲「組合的有情」，既有來自本我的光明讓它有覺，也有布提中的悅性，兩者結合成爲有情的生命。一旦本我的有覺光明從它抽離，這本來是死的物質就不再呈現有生命。但並不是說，原本是活的現在死去了。這個身體本來就是死的，從來不是活的，從來不是有覺的，只不過是在模仿活的生命。因此，我們認爲生命有死亡的觀念，根本是一種迷思。就如同鏡子本身從來沒有光明，只是反射出照在它表面的光明。而如果鏡面布滿了塵垢，所反射的光明就被侵犯而消弱，就有苦。

有人問，本我眞的需要原物嗎？這是個非常微妙的道理，我們一再強調，本我並非眞正和原物「結合」，正如同蠟燭的火焰並沒有與鏡子結合，是蠟燭火焰所放出的光明與鏡子結合。本我不會眞正地與原物結合，也是同樣的道理。這就是爲什麼物會顯得似乎有生命，這就是爲什麼會起了無明所引起一切的苦痛。本我是不會、也不可能有心的作用，是不會感受苦痛的。數論哲學在這一點上是非常嚴謹的，數論瑜伽的大師絕對會守住這個觀點，毫無妥協餘地。有些學者、作者在這方面可能有所動搖，做了一些妥協，這是我們無法認同的。

例如，我所景仰的數論瑜伽大師Swāmi Hariharānanda Āraṇya所寫的《帕坦迦利瑜伽經哲理》（*Yoga Philosophy of Patañjali*）在這方面就毫不馬虎。他能用好幾種文字寫作。我查過他以梵文、孟加拉文、英文所寫的《瑜伽經》論著，是完全一致的。講到語文，我有所感嘆。世界上有三種重要語言是我所不懂的：中文、希臘文、塔莫爾文（Tamil），它們對於人類文明做了重大的貢獻。而我無法直接閱讀這三種語文的哲學著作，自覺不足，覺得被剝奪了很多接觸眞理的機會。

這一句經中所提到的「所見」，它的定義在下一句第18經。第18、19經可以視爲數論哲學的摘要，值得好好學習。

II.18 prakāśha-kriyā-sthiti-śhīlaṁ bhūtendriyātmakaṁ bhogāpavargārthaṁ dṛśhyam

光、動、止爲質，具諸種、根，以體驗、解脫爲目的者，是所見。

經文拆解註釋

prakāśha-：光明
kriyā-：活動、行動
sthiti-：靜止
śhīlaṁ：本質
bhūta-：諸元素、大種
indriya-：諸根、諸感官
ātmakaṁ：所包含、組成
bhoga-：世俗體驗，經驗
apa-varga-：解脫
arthaṁ：目的
dṛśhyam：所見（之對象）

全段白話解讀

所謂「所見」之對象，它有光明、
活動、靜止三種質性，由種種元素、感官所構成，
它存在的目的僅僅是讓「見者」
有種種世間的體驗，以及從那些體驗中解脫出來。

我們在前面第17經讀到，「見者」和「所見」的「結合」，就是苦的起因。現在，這一句經爲我們定義，什麼是「所見」。

經文說，「所見」具有三種本質，光明、活動、靜止，這也就是數論哲學中「原物」所具有的三種質性：悅性、動性、惰性。惰性不見得是不好，如果它能夠爲悅性所用，那就是好的。如果惰性凌駕了悅性，那就是黑暗。如果沒有惰性，那麼地心引力就不存在，你根本無法坐在此地。因爲你的身體中、世界中存在著惰性，你才能坐在此地，這個教室才能蓋在此地，否則你和所有物件都會漂浮在空中。其實，要是沒有惰性的話，你的身體都不會存在，任何固體都無法存在。再例如你所吃的食物，它的「體」就是由惰性而來，所以惰性是不可缺的。食物的悅性則是它能提供給你的能量。它能夠被消化吸收，以及它具有的刺激性，是動性。所以，任何東西都一定會具有悅性、動性、惰性這三種質性。整個宇宙莫不如此，都具有光明、活動、靜止三種性質。

當惰性能被悅性所用，它所起的作用是穩定。可是當惰性凌駕了悅性，它就引起呆滯。穩定和呆滯都是靜止。而動性和惰性也必須取得均衡，要有惰性來防止動性過盛。這個也是咒語的學問之一，要知道該將什麼咒語給個性躁動的人，讓他能靜下來，而對於抑鬱之人，又該給什麼樣的咒語來激活他的正面能量。

「元素」就是五「大種」（五「大」）：地、水、火、風、空。「根」

就是感官（譯按，有五知根、五作根）❶。這些是組合成「所見」的構件。

因為有「所見」，所以我們才能夠去經驗這個世界。同樣地，我們也可以捨離它們。這取決於我們。威亞薩為我們定義了什麼是「縛」、什麼是「解」。當布提仍然為本我所用，在起作用，那就是縛，束縛。當布提被遣走了，就是解，解脫。威亞薩列出布提主要的作用有六個：

一、**grahaṇa**：知覺，以感官來知曉、攫取。

二、**dhāraṇa**：記憶，保持不忘。

三、**ūha**：思議，將所知覺到的，依既有的記憶，予以分析理解而賦予意義。

四、**apoha**：否決，否認，是經過思議的作用，將錯誤的印象、錯誤的結論予以移除。例如，你看到房內有一條蛇，這是思議的作用，將眼睛所看見的對象，與記憶中的蛇的樣子去比對，於是將你所看見的對象賦予意義，把它認為是一條蛇。但是，你用燈去照著看，發現它原來是一條繩子，不是蛇，這就是否決、否認了看見蛇的經驗，本來起了要去拿棍子打蛇的結論，也被否定了。

五、**tattva-jñāna**：如實知，經過這樣思議、否決的作用，而得到最終的眞實和結論。例如，你本來以為身體是「活」的，你就是這個身體。後來你想，自己在睡眠時完全不覺知到有身體，可是你仍然是存在的，可見你不只是這個身體而已。這是思議的作用，以及否決的作用。然後你得到結論是，心念才是你。然後，你再一步步分析，肯定、否定，終於得出自己是什麼的結論。

六、**abhi-ni-veśha**：決意固執，這裡是布提的作用之一，不是前面第3經「煩惱」之一的「死懼」的意思，而是決意固執於如實知。所以，經由如實知而來的「知」，成為你自然的狀態。這不是一種偏執，而是加強、肯定那個「知」。到了這個地步，你不必再去想「身體不是自己」，不必再聽人講「心念不是自己」的道理。那個「知」已經被你所證實，成為你自然而然的「知」。

譯註：

❶請參閱《瑜伽經白話講解．三摩地篇》關於數論哲學的介紹部分。

II.19 viśheṣhāviśheṣha-liṅga-mātrāliṅgāni guṇa-parvāṇi

有別、無別，有微徵、無徵，是質性之節。

經文拆解註釋

viśheṣha-：有別

a-viśheṣha-：無別

liṅga-mātra-：有微徵

a-liṅgāni：諸無徵

guṇa-parvāṇi：質性之諸節

全段白話解讀

有別的、非有別的，

有微徵的、非有徵的，

是質性的種種節段。

第18經定義了「所見」就是悅性、動性、惰性這三質性。本經則是在說明，「所見」不僅是限於三質性，還包括了一切由三質性所衍生出來的形形色色的萬物，所以就爲我們列出這些衍生出來的，可以分爲幾類、幾個「節段」（parvan）。parvan這個字是節、段落、分段的意思，例如，竹子和甘蔗上的一節一節，就是parvan，山脈一段一段，一年中某個段落，也是這個字。本經說，有別、無別，有徵、無徵，這些是質性衍生過程中的幾個節段。「有別」（viśheṣha）共有十六個，「無別」（a-viśheṣh）有六個，一個「微徵」（liṅga-mātra），一個「無徵」（a-liṅga）。簡單地說明如下。

十六類「有別」也是勝論（vaiśheṣhika）哲學所研究的主題，它們分別是：五「大種」（五個元素：地、水、火、風、空。譯按，根據斯瓦米韋達的《釋論》，五個元素中，地是最粗糙的，空是最細微的。地中含有香、味、色、觸、聲等五種特性。水中含有味、色、觸、聲等四種性。火中含有色、觸、聲三種。風中含有觸、聲二種。空中只有聲這種特性。），五「知根」（五個感覺器官：眼、耳、鼻、舌、身），五「作根」（五個行爲器官：口、手、足、排泄、生殖），以及「心意」。（譯按，根據斯瓦米韋達的《釋論》，「心意」或說「意」，也是一種根，不過，它所感知的對象，是五知根和五作根接觸外界對象而起的經驗。）

六類「無別」中，前五類是「五唯」（色、聲、香、味、觸）。這是五種微妙元素。我們的粗身（肉身）五種器官可以經驗到具體的色、聲、香、味、觸。我們的精身（細微身）所經驗到的則是細微的色、聲、香、味、觸的本質，這些本質就叫做「唯」（tan-mātra）。第六類無別是「有我」，我們已經介紹過了。

「微徵」是「大」（mahat），也就是「布提」，你沒有辦法爲它下定義，它僅僅是一種「是」的覺知，是無區別的。它要與其他類別交互作用，才能有「是什麼」的區別。

「無徵」是「原物」，它是三種質性的完全均衡，沒有任何徵象。

以上就是種種質性的節段，十六加六，加一，再加一，一共二十四，就是原物以及它所衍生的二十四類。這就是數論哲學中很重要的部分，也是《瑜伽經》的哲理基礎，我們在講《瑜伽經》第一篇時，已經介紹過了，各位務必要好好學習。

本經之所以要解釋四個節段（有別、無別、有微徵、無徵）是因爲當我們深入瑜伽修行時，會逐一接觸到它們，因此有必要能辨認出它們。當最終證到了本我自性，所有這些質性的節段，就統統要予以揚棄。

整部《瑜伽經》的目的，就在教求道之人將布提（譯按，一切心的功能作用）和本覺之我（譯按，本我）予以區別開來。

譯按，斯瓦米韋達在《釋論》中，花了很長的篇幅來探討阿特曼（ātman，本我、眞我）的意義。此外，威亞薩對於「原物」的解釋是「非有、非非有，非實、非非實，是非非實」的負面表述法。斯瓦米韋達說，這一段是《瑜伽經》中最複雜的一段文字，因此也用了很多篇幅予以解釋。最後他說，「原物」和吠檀多哲學所謂的「幻」幾乎是相通的，「幻」的意義不是不存在，也不是存在，也不是既存在也不存在，更不是等同虛幻。對於這些玄妙觀念有興趣的讀者，請自行參閱原書的論述。

II.20 draṣhtā dṛśhi-mātraḥ śhuddho'pi pratyayānupaśhyaḥ

見者乃唯見，雖淨，能覺所起見。

經文拆解註釋

draṣhtā：見者

dṛśhi-mātraḥ：唯見（之力）

śhuddhaḥ：純淨

api：雖然

pratyaya-：覺知，見

anu-paśhyaḥ：引起覺知，起見

全段白話解讀

見者僅僅是「見」之力，

它雖然清淨，

但能從旁「覺見」布提所見到的一切。

繼第18、19經交代了什麼是「所見」後，這一經文開始爲我們解釋什麼是「見者」（draṣhtā）。

經文說，「見者」是「唯見」（dṛśhi-mātra），它「僅僅」是股「見」的力。這是個不尋常的用字，只用了「見」這個字的動詞形式（dṛśhi），沒有字尾，沒有性別，沒有現在、過去、未來的時式，沒有語式，就光是動詞，它是「見」之「理」。因爲本我是永恆不變的，所以就只用了動詞的詞根，不加任何其他的形容。這個「見」就是本我，就是「見者」。

這個見者雖然是永恆潔淨（śhuddha）的，它卻引起布提中有了「覺知」（pratyaya）的經驗。什麼是「覺知」？這個字在《瑜伽經》中不斷出現，它的意義是「任何類型的覺知，任何在布提中所生起的動靜」，廣義來講，就是任何在心中所生起的一個覺知、認知的單位。「覺知」和「心念」有何不同？心念是在布提內所起的任何作用，都叫心念。覺知則是用來表示任何被本我所觀察到的單位，任何感覺認知，都是一個覺知單位。你起了任何的想法、感覺到任何的情緒，也是這個覺知。但是，這裡似乎有個矛盾，本我是永恆寂靜清淨的，應該不會如同布提一樣有覺知的。不過，你內在的確有個知道自己有所覺知，知道自己所起的心念的那個。借用腦神經學的詞語來比喻，大腦新皮質不知道海馬體內所經驗到的一切，但是並不代表海馬體自己不知道。腦內某一個部分沒有覺知到腦內另一個部分的狀態，那個沒有覺知的部分是處於一個等待的狀態，光電作用在其他部分閃爍，產生各種各樣的腦波，所以，總是有某個部分會覺知到，而腦的各個部分會不停地相互傳遞訊息。

威亞薩問，本我的本質和布提的本質，究竟是「同」（sa-rupa），還是「異」（vi-rupa）？他自答，不盡然相同，也不盡然相異。布提是永恆在變動的，此刻是牛，下一刻是馬，此一刻憤怒，下一刻平靜，不停地在經歷種種「轉化」（pariṇāma），永遠不會是同一個布提（心在前後兩剎那，就已經不是同一個心了），因此，它和本我是不同的。本我能觀察在布提中所生起的種種「覺知」。但它們又不完全不同，威亞薩引用了數論哲學祖師五焰的意見，本我的力（夏克提，śhakti）永恆不變，是被投射到一個變動不居的世界中；在布提中所顯現的，是本我投射的反映，因此，你不能說本我和布提完全沒有交涉。而正是因爲本我和布提不是完全不同，所以我們一般人所謂的「我知道」的那個「知」，仍然只是布提的「知」，那個我仍然不是本我。不到了最終「非智三摩地」的人，本我和布提內的心念是無法完全區分開來的。

後代的註釋家針對這個道理做了很多探討，這個部分我們沒有辦法在這個初級班的課程中深入研究，有興趣的朋友請自行參閱我寫的那本《釋論》。

II.21 tad-artha eva dṛśhyasyātmā

惟因彼之故而有所見之性。

經文拆解註釋

tad-arthaḥ：爲了那個（見者），爲了那個（見者）的目的

eva：只有

dṛśhyasya：所見對象之

ātmā：性質，一己

全段白話解讀

所見對象的本質，

僅是爲了那個見者而有。

前面解釋了什麼是「所見」、什麼是「見者」。現在是在解釋「所見」和「見者」彼此的關係。

所見之對象（dṛśhya）是原物，以及從原物所衍生出來的一切，它們存在的意義就只是爲了服務那「見者之力」（dṛk-śhakti），也就是爲那「見者」（draṣhṭṛ）而服務。原物之存在只有一個目的，就是爲了本我而存在。

我們自以爲見到、經驗到外在的世界，其實都只是在布提中所見到、所經驗到的。你一定要記住這點。我坐在你們面前，你們看見的不是「我」，我也沒有看見你們。我們各自所看見的，都不過是在自己布提中所發生的。因此，那個所見之對象、那個布提，它只是爲了本我而存在。換言之，見者是主，所見是從。見者是本我。所見是原物。原物存在的目的，首先是提供苦受、樂受的經驗（bhoga），而它最後是要被本我所揚棄，也就是不再成爲本我的所見。

譯按，原物不再出現於本我的視野中，並不表示原物因此而毀滅，這是數論哲學基本的理念。斯瓦米韋達在《釋論》中寫道：「種種所見，像是布提等等，不再被覺知，並不表示它們因此而滅絕。」見本篇第22經。它們所失去的存在，是失去了認識論上的存在，並不是從本體論而言它們不再存在。只是那種種的心念，不再被本我的光明所照見。即使布提等等，都反溯溶入它們的源頭，那原物的實有仍然不會滅失。

II.22 kṛtārthaṁ prati naṣhṭam apy a-naṣhṭaṁ tad-anya-sādhāraṇatvāt

縱於所作已竟者失，彼與他者共故，畢竟不失。

經文拆解註釋

kṛta-arthaṁ：所作已竟，目的已達（之人）

prati：對於

naṣhṭam：（已）滅，（已）消失

api：雖然，即使

a-naṣhṭaṁ：（仍）未滅世

tat-：彼那個

anya-：（對於）他者，其他

sādhāraṇatvāt：（由於）共存，共有

全段白話解讀

對於目的已經完成者，

那個（所見之對象）會消失，

然而，因爲它是和其他眾生所共有的，

所以仍然沒有滅失。

縱然有某一個本我（見者），因爲做到了和原物（所見）徹底分離因而得到解脫，所以原物對於該本我而言，已經消失了。但是，如果原物就此完全消失，豈不是所有的人都因而解脫了？不是的。原物並不因此而滅亡，因爲原物與每一個個體是不可分的。

所謂的「人格」就是由原物所構成的。你能跟原物脫離，得到解脫，不代表所有的眾生都能跟原物脫離。因此，對於還沒解脫的人，原物仍然沒有消失，他們的能見仍然在攀緣所見，還沒有能夠把產生苦的原因給消除。

II.23 sva-svāmi-śhaktyoḥ svarūpopalabḍhi-hetuḥ saṁyogaḥ

所有與有者二力之合，乃了悟本性之因。

經文拆解註釋

sva-：所有物

swāmin-：所有者、主人

śhaktyoḥ：（兩者之）力

sva-rūpa-：本性，本質

upa-labdhi-：了悟，了知，發現

hetuḥ：原因

saṁyogaḥ: 結合

全段白話解讀

被擁有者（本我所擁有之布提，

以及布提中所起的反映）

與擁有者（本我）這兩股力之結合，

只有一個目的，

就是要了悟本我的本性。

第17經提到「結合」（saṁyoga）是苦的起因。什麼是「結合」？就是這一句經要說明的。

sva的意思是「所有物」，被擁有的某個東西。「所有物」可以是一己的本質、一己的存在、一己之生命、一己所擁有之任何物品。swāmin則是那個「所有物」的擁有者、主人。「所有物」是一股力，一股勢。「擁有者」也是一股力，一股勢。因爲這兩股力的結合，所以物似乎能覺知一己。身體是物，腦是物，氣是物，心念也是物，布提也是物，它們都是死東西，靠自己無法有任何覺知力。它們都是因爲靠了「擁有者」之力（swāmi-śhakti），才似乎顯得是活的，似乎顯得有覺知力。僕人不能自行開啓門戶，他要有主人的授權才能開啓。同樣的道理，原物無能力自己睜開眼睛，眼睛能開、能看，是因爲借了主人之力才有可能。

這股力是如何由擁有者主人傳達到被擁有者原物？是否跟世上的官僚體系一樣，將命令經過各級承辦人員解讀而傳遞下去？這股力的傳達是發生在「有我」這個環節。這裡是本我和原物「會合」之處，是能見和所見「會合」之處。它像一面鏡子，本我的光照在布提內的鏡子上，力在這裡傳達。布提之鏡和本我之光的結合，就是「有我」，在這個時候，起了「我是」、「我在」的一知。此時，還沒有「我是如何如何」的覺知，因爲那個「如何如何」還沒有發生。這個現象也就是前面第20經所說的「唯見」導致布提起見的開始階段。

與原物的「結合」是苦因，所以本我才會去求解脫，擺脫原物的繫縛，自我了證。基督教也有類似的說法，神創造了世界，因此人們能知有神。幼兒對自己的性別本來沒有概念，是因爲和異性的孩子接觸，對比之下才知道自己的性別。本我原本只知道自己，因爲與原物對比，本我多了一層知，悟到自己與原物不同。有這個「了悟」（upa-labdhi），所以能和原物切割。因爲「不悟」，所以才導致結合（譯按，這類似世俗說法，因誤會而結合，因了解而分手）。這是看來矛盾但又非常微妙的道理，威亞薩在他的註釋中把這一點列出七個說法，然後問哪個才是正確的說法。我們無法在此介紹，請自行參閱我寫的那本《釋論》。

II.24 tasya hetur avidyā

無明為彼因。

經文拆解註釋

tasya：彼（之），那個（的）

hetuḥ：原因

a-vidyā：無明

全段白話解讀

引起那個（結合）的原因，

是無明。

是什麼引起那個「結合」？就是無明。威亞薩爲「無明」下的定義是「顚倒正知之慣性」（viparyaya-jñāna-vāsanā），充滿了與正確知見相反的知見，就是導致「結合」的原因。而他說，這句經也爲我們定義了什麼是解脫，就是只有當「心地」的活動都歇止了，才是解脫。

有個經常被提出來的問題就是：心地完全止息了才可以進入最終三摩地，但是只要還活在世上，就仍然需要心地起作用，止息了的心地怎麼再起作用呢？我們用一個比喻來回答，就像主人叫僕人上茶，上了茶之後，僕人就退下不見了。當主人要再喝茶，可以再呼喚僕人出來。而我們目前的狀態，反而是僕人不受控制，變成了共主。

行瑜伽・四段鋪陳法

滅

第25經

II.25 tad-a-bhāvāt saṁ-yogābhāvo hānaṁ tad dṛśheḥ kaivalyam

因無彼，故失結合而得滅，其即見者之獨寂。

經文拆解註釋

tad-a-bhāvāt：（因爲）彼不存、沒有它

saṁ-yoga-：結合

a-bhāvaḥ：不存，消失

hānaṁ：滅，脫開

tat：那個、它

dṛśheḥ：見者、見力（之）

kaivalyam：獨寂，獨耀

全段白話解讀

因爲那個（無明）不存在了，

原因消失了，所以結合也不存在，

就稱爲「滅」；

那就是「見力」（見者）之「獨寂」境界。

威亞薩說，苦痛是我們應該要斷絕防免的，也就是所謂的「應斷」。「應斷」以及它的起因，在前面已經交代了。這一句經在解釋斷除「應斷」之後的境地——「滅」（hāna）。

一旦除去了「不悟」（也就是無明，見第23經），那麼布提和本我就不再結合，那就是結合的止息。徹底而永久的止息，就叫做「滅」、「已斷」。這，就是見力（見者）處於獨寂，獨存的境地，獨自光耀。是本我和原物脫離，獨自存在的境界。

解除了苦痛的起因，就是滅。然後，本我安住於它的自性中。這就是《瑜伽經》第一篇第3經所宣示，瑜伽成就了的境地。

行瑜伽・四段鋪陳法

道

第26～28經

II.26 viveka-khyātir a-vi-plavā hānopāyaḥ

不動明辨慧乃得滅之法。

經文拆解註釋

viveka-：分辨、明辨

khyātiḥ：正確知見，光明

a-vi-plavā：不動搖

hāna-：滅，脫開

upāyaḥ：方法，手段

全段白話解讀

無可動搖的明辨慧光明，

是得「滅」的方法和途徑。

前面說，所謂「滅」，是「結合的消失」（saṁyoga-abhāvaḥ）。這裡說，得滅的「方法」（upāyaḥ）是「明辨慧」。什麼是明辨慧？我們在講解第一篇的時候說過了。這明辨慧在瑜伽來講，它的下一步才是最終極的目標（所以它還不是最究竟）。它打破了「有我」，回溯到了布提和原物的起點。如此的智慧，叫做「明辨慧」。我們目前還沒有到那個地步，我們是「不辨」（a-viveka），不能區別本我和原物。當這個明辨慧到了穩定不動搖、無間斷的地步，就能斷除應斷，除去「不悟」（不見眞理），那就是「滅」。

威亞薩說，因爲「動性」和「煩惱」都被清洗乾淨，所以「悅性」能夠絕對主導，所有的知辨都變得絕對純淨，如此的明辨慧自然不會被任何外境所動搖，那就是得「滅」的方法和途徑。它是一個方法、一種手段，來取得「滅」，來斷除無明，使得無明妄見如同燒焦了的種子，就什麼也長不出來了。

譯者補充：根據斯瓦米韋達的《釋論》，明辨慧並非一般的知識智慧，乃至於也不是屬於《瑜伽經》第一篇第7經所稱證量中的聖言量或比量。在心靈修行的過程中，學習經論（聖言量），然後運用邏輯分析如理思維（比量），都是在明理，是不可或缺的步驟。但是，如此得來的知識智慧，無法革除自己的離定心，以及多生累劫以來心印所形成的習氣。明辨慧的光明是堅定不移，不會消沉的，所以能克服離定心，所以能永久革除習氣，然後一切錯誤知見（mithyā-jñāna）會如同燒焦了的種子，不再造業。

這些錯誤知見包括了：我（aham-buddhi）、我的（mamatva-buddhi）、我是（asmi-iti-buddhi）等等念頭，到了布提中的純悅性，只剩下有個「是」（asmi）的一知，而且明確知道本我不是那個「是」，只是在見證那個「是」，只剩下如此的體驗，心完全融入如此的體驗，此心和如此體驗不可分，這就是明辨慧獨特的光明。

具體修練明辨慧的手段和步驟，則是其後才要說明的八肢瑜伽。

II.27 tasya saptadhā prānta-bhūmiḥ pra-jñā

彼有七重極地智慧。

經文拆解註釋

tasya：彼（之），他（的）

saptadhā：（分爲）七重

prānta-：終極

bhūmiḥ：地，層次

prajñā：智慧，洞見

全段白話解讀

如此證悟者的智慧

是屬於最高境地的智慧，

有七重意義。

現在這句經是接續前一句經，說明已經證悟到「明辨慧」的人，他的智慧是什麼情狀。「pra-jñā」這個字在此所表示的意義，不是一般智慧，而是完全且圓滿的智慧，是最高的智慧成就。當學生問，要花多少時間才能成就這樣的智慧？我總是用佛陀成道的例子來回答。佛陀的前世是位婆羅門，名叫「善慧」，從發心悟道，到最後生爲悉達多太子，終於徹悟成佛，一共用了五百世。但是我告訴你，當你一旦到了那個地步，你不會覺得曾經發生過轉世，好像從來沒有過無明，好像從未有過煩惱。那個時候，好像時間沒有動過，過去即是現在，過去的我和現在的我是同一個。我們看五百世好像漫長無比，可是到了那個地步，時間是毫無意義的。現在我們還受到時間的束縛，而五百世是個時間的觀念，所以顯得很長久。一旦你徹悟了，就不會覺得自己曾經換過身體。

prānta的意思是「最終」。有如此明辨慧的人，他的智慧到了最終極的「地步」（bhūmi）。我們在研讀《瑜伽經》第一篇的時候講過，初級的三摩地叫做「有智三摩地」，那個「智」的定義就在這一句經。它具有七重意義：

一、我已完全明白「應斷」（苦）的眞實意義，此後我不再需要其他的知識。

二、會導致「應斷」的「因」（集）已經完全泯滅，沒有任何殘餘。

三、經由修習「止息三摩地」（nirodha-samādhi），我已經實現了

「滅」。

四、我已經練成了以明辨慧做爲實現「滅」的「方法」(道),能辨別在布提中所反映的出來的種種心像並不是本我,所以能永遠斷除本我與原物結合所帶來的苦痛。

以上四重是因爲智慧成就所帶來的解脫,是屬於這個智慧第一段的說明。下面還有第二段說明,是解脫心地的束縛。對於修行人而言,心的作用分爲兩個層次,一個是屬於心理的,另一個是屬於心靈的。兩者常常被混在一起。當我們的修行進步了,就能逐漸擺脫心理層次的作用。例如,你喜歡這樣的人、討厭那樣的人的反應,都是一種心理上的設定,我們都淪爲這些心理作用的奴隸。修行就要能夠擺脫它們。只要我們還是處於個人的心理層次,就還沒有證得解脫。即使很多所謂的心靈大師,他們外表看來莊嚴神聖,但言行仍然是出自個人的心理層次。可是,修行人常常不肯承認自己還沒有擺脫心理層次的影響,自以爲已經進入心靈的層次。這必須要經過長時間不斷的淨化,才有可能提升自己。你要認清楚自己的種種心理設定,它們就是你修行的功課,直到你能夠超脫這些心理特質。

一位眞正的心靈大師雖然已經超脫了,但是有需要的時候,他會裝扮出某種人格特質。你們要是接觸過斯瓦米拉瑪,他就是如此。只要他想,就可以隨意進入任何人格的角色,因爲這些心理作用的質性完全受他操控。在不知情的人眼中,就覺得他充滿了矛盾。他一會兒表現出像是這種人,另一會兒又像個完全不同的人。他究竟是什麼樣的人？答案是，他什麼都不像，什麼都不是，你無法爲他定性。因爲他沒有一個屬於他的心理層次的人格。你要記住，記住，記住。

要擺脫個人層次的心理作用，進入心靈層次，就是智慧解脫的第二段，又分三重。

五、布提完成了它的任務。無論它能提供本我什麼經驗，都已經做了，但本我對它不再感興趣。因此布提不再起作用，所以說瑜伽大師是完全「無心」的。前面第一階段的四重境地，都是在「心」內的布提中所發生的。到這裡，連心都要退出，所以布提不再起作用。這是第二階段的第一重。

六、你們是否還記得「止息」的定義？「心念融入它們自己的源頭」（vṛttīnām svākaraṇe layaḥ）。如同湖中所起的波浪沒入湖中，心念之浪沒入心湖中，就是止息。這是第一階段，是心念沒入心地中。第二階段是「心地沒入它自己的源頭」（chittasya svākaraṇe layaḥ），心地的源頭是「原物」。原物是什麼？是光明的悅性、活動的動性、靜止的惰性，這三種質性處於完全均衡的狀態。所以，第二階段是心地融回入那個均衡的原物。到此，你就完全擺脫了種種心理的設定，而且，你要記牢，所有心理的設定都將聽命於你。你不再被它們牽著鼻子走，而是能做得了它們的主人。假如你要扮出憤怒的情緒，你可以做到，是因爲你爲了某個目的而表現出憤怒，不是不由自主地憤怒。你可以當下表現出任何情緒，它不會是你潛意識的習氣「發」出來的，而是當下「做」出來的。這才是解脫，才叫做自在。

所以，第六點是智慧解脫第二階段的第二重境地。到此，組成布提的質性有如一個從山頂上一路滾下來的石塊，最後在山底摔得粉碎。質性被粉碎，被融解了。一旦被融解，它們就不再能夠有任何力量。

七、智慧解脫第二階段的第三重是，本我超脫於質性之上，完全與原物脫離，獨自住於自己本性的光明中，也就是「獨寂」（kevalin，獨耀）。世界生起後，原物開展衍生的過程是「順向生起」。能「逆向還滅」，擺脫原物，掌握這七重智慧的本我，叫做「善巧者」（kuśhala）。這個名詞在日常用語中，當我們問候人家是否安好時，就問對方「是否kuśhala」。這當然不是問對方，你是否掌握了七重智慧！在《薄伽梵歌》裡，對瑜伽定義的其中一個是「行事練達即瑜伽」（yogaḥ karmasu kauśhalam）也是用這個字。這句話眞正完整的意義是，在一切行事作爲中，都能保持著kuśhala的境界。保持kuśhala的覺知，才是瑜伽。而這裡的七重智慧，才是kuśhala的定義。所以，在一切行事作爲中，要能夠保持、要能夠不失這七重智慧的境界，而不是順著自己的心理境界的設定去行事。

有人問，這七重智慧與七個脈輪，或是三身、五身層有無關聯？它們彼此可能有些碰巧的關聯，但沒有任何對應關係。

大多數人學習數論哲學，都以爲它是在解釋宇宙世界是怎麼「生起」的。而我們學習數論則是著重在我們一己是如何「生起」，又如何能「還滅」。數論使用很多術語來形容我們內在的各個構成元素，是和現代心理學上的術語不同，兩者的範疇也不同。我們以前在講述第一篇時說過，根據瑜伽對心地狀態的五段分類，現代心理學所研究的心理狀態，是屬於前兩段的「散亂」（kṣhiptam）和「昏沉」（mūḍham）而已。而瑜伽學對心的研究則是在後三段：「分心」（vi-kṣhiptam）、「一心」（ekāgram）、「止息」（息心、調伏受控，niruddham）。

有人再問，「散亂」和「分心」有何不同？前者是我們常人目前的心地狀態，心念紛飛，東奔西跑，完全不集中。後者是已經能開始集中心念禪修，但是仍然會起分心，以至於本來集中的心念被打亂。

以上是《瑜伽經》第二篇的前27句經，是適合中根人修行的法門，到此告一段落。對於初學者，則要從以下第28經開始講述的「八肢瑜伽」（八部瑜伽、八段瑜伽）循序漸進。

II.28 yogāṅgānuṣhṭhānād aśhuddhi-kṣhaye-jñāna-dīptir ā viveka-khyāteḥ

因奉行瑜伽肢法，不淨得以清除，智慧引燃直至生起明辨慧。

經文拆解註釋

yoga-aṅga-：瑜伽（之）肢體、部分、階段、步驟

anu-ṣhṭhānāt-：（由於）遵行、實踐

a-śhuddhi-：不淨，不純

kṣhaye：（當、一旦）排除、破壞

jñāna-：知識、智慧

dīptiḥ：引燃、照亮

ā：直到

viveka-khyāteḥ：（起）明辨慧

全段白話解讀

因為遵奉瑜伽修行的步驟，
種種不淨得到清除，
所以智慧的火苗被引燃而逐漸旺盛，
直到生起明辨慧的光明。

瑜伽的各個「肢」（aṅga），就是瑜伽的步驟，後面會有說明。「不淨」就是「顛倒」（不正確的知見），也就是五種「煩惱」。由於能夠遵行瑜伽的修行步驟，這些不淨被逐漸削弱清除，因此正確的知見開始展露，直到明辨慧大放光明為止。

為什麼修習瑜伽的步驟，是導致正確知見和智慧的引因？威亞薩在他寫的註釋中，列出九個類型的引因，修行瑜伽的步驟是其中兩類。這屬於比較深入的探討，我們在這裡就不說明，在我的《釋論》中將它們一一翻譯列出，請自行參閱。威亞薩在註解《瑜伽經》的時候，常常會引用一些出自其他經典的文句，其中很多經典到現今已經失傳，或是無可考證。此處他所列出的九個類型引因，我只在佛教的因明學（邏輯學）中找到，在其他瑜伽的經典中還沒見過。

瑜伽的肢法

第29經

II.29 yama-niyamāsana-prāṇāyāma-praty-āhāra-dhāraṇā-dhyāna-samādhayo’ṣhṭāv aṅgāni

夜摩、尼夜摩、體式、調息、內攝、專注、禪那、三摩地，是為八肢。

經文拆解註釋

yama-：夜摩，戒律

ni-yama-：尼夜摩，善律

āsana-：體式

prāṇa-āyāma-：調息，擴充呼吸和氣

praty-āhāra-：内攝，收攝感官

dhāraṇā-：心念專注

dhyāna-：禪那，靜慮，冥想

samādhayaḥ：（以及）三摩地，最高禪那

aṣhṭau：八

aṅgāni：諸肢，部分

全段白話解讀

夜摩戒律、尼夜摩善律、體式、調息、内攝感官、專注、禪那、三摩地正定，是瑜伽的八個步驟。

前面第28經說，因為奉行瑜伽諸「肢」，能夠祛除不淨。這一經為我們列出來，肢共有八個，也就是八個步驟，八個部分。接下來的經句就開始一一解釋每一個步驟。

譯者補充，這八肢又可以分為兩組：

- 外肢：就是前五肢，習練時要運用到心以外的感官功能，屬於間接促成三摩地。
- 內肢：就是後三肢，習練完全在心內為之，屬於直接促成三摩地。

在《釋論》中，斯瓦米韋達解釋，下根人需要依照八肢瑜伽的排列循序漸進習練，每一肢都要以前一肢為基礎。而威亞薩在闡釋《瑜伽經》第三篇第6經時說：「受天恩所賜，能夠駕馭更高境地之人，才可以直接跳過較低的階段。」

瑜伽的肢法・外五肢

夜摩

第30～31經

II.30 a-hiṁsā-satyāsteya-brahma-charyāpari-grahā yamāḥ

非暴、實語、非盜、梵行、非縱，是諸夜摩。

經文拆解註釋

a-hiṁsā-：不使用暴力，不傷生。

satya-：誠實，眞實，不説妄語。

a-steya-：不偷盜，不取非分之財。

brahma-charya-：梵行（與梵同行），依止上師絕對服從，以及嚴守戒律，禁欲。

a-pari-grahāḥ：不縱容、不攫取，不占有，不縱容感官攫取。

yamāḥ：諸夜摩、諸戒律

全段白話解讀

不使用暴力傷害眾生、誠實不説妄語、
不偷盜及不取非分財物、梵行不犯淫、
不縱容感官攫取，這五項是所謂的夜摩戒律。

一、非暴（a-hiṁsā）

什麼是「非暴」，什麼是非暴力？威亞薩說，是an-abhi-droha（不意圖傷害），也就是「不意圖傷害他者」，沒有意欲引起痛苦。要在「一切時」、「全方面」、「所有情況下」、「對一切生靈」，都「不意欲引起傷害」，才算是。所以，不只是對人類如此，對一切生靈也要如此。我們時時有可能不自覺地直接或間接造成傷害，例如，榨取自然環境資源就是一種暴力傷害，我們從中獲利、享用，就是參與暴力傷害。

有人問，我們處在這個末劫的黑暗時代（kali yuga），有可能不用暴力嗎？我的回答是：「爲什麼不？」目前這個世界上有五十個國家沒有軍隊，不使用武力。使用暴力是一種心理的弱質，因爲有這種心理設定，你才會去使用暴力。

威亞薩的註釋中很清楚地告訴我們，「非暴」是本，所有其他的四項夜摩戒律和五項尼夜摩善律，都是從「非暴」衍生而來，它們的目的都是在維護貫徹非暴的理念。縱然你遵守了所有其他的夜摩和尼夜摩，唯獨沒有做到「非暴」，就不能算是眞正遵守夜摩和尼夜摩。威亞薩對於「非暴」的定義是，在一切時，對任何生靈，都不可有傷害的行爲和意圖。例如，你買了一只附有皮帶的腕錶，就因爲你喜歡那皮帶的式樣，這就是沒有做到「非縱」，是在縱容自己的貪念。如果那個皮帶是屠宰動物而製成，那就是一種暴力傷害，沒有做到「非暴」。在印度，有很多人在參加宗教儀式的時候，會刻意脫下有皮帶的手錶，以爲這就是在實踐「非暴」。其實不然，因爲「非暴」是任何時間、地點、場合都要遵從的，沒有例外。不是只有參加宗教儀式才適用這個戒律，出來就不適用。又例如，有的佛教徒在滿月之日素食，避免殺生，這也沒有完全做到「非暴」。

所以，只要你切實遵從「非暴」的原則，就一定做到了所有的夜摩和尼夜摩。我甚至可以告訴你，不守「非暴」原則的人，就連他的靜坐冥想也都會失去意義。遵守「非暴」原則的心態，它本身就是一種靜坐冥想。不守「非暴」原則，你的心態就會干擾到你。例如，你靜坐時，想起昨天某人傷害到你，起了一股報復的念頭（這就是一種傷害的意圖），不論那個報復的念頭多麼細微，還是會留在意識中，就會干擾到你心念的平定。有的人，平時不會想起要報復誰，但是只要一靜坐，這個念頭就無端端冒出來，他還以爲是受到天啓，是神明要他去報復！

二、實語（satya）

「satya」這個字的本義是眞理、眞實。威亞薩說，在此處它的定義是「言語和心念的和諧一致」。你言語的目的，應該是爲了帶給別人利益，不是爲了傷害別人。所以，你的言語不可有欺騙成分、不能引起混淆。此外，斯瓦米馬杜蘇達拿（Swāmī Madhusūdana Sarasvatī）❶在爲《薄伽梵歌》做釋論時說：「如果人家聽不明白，該負責的是說者。」所以，你的言語要能讓聽者如實瞭解，讓別人領略你所要表達的，那才是不說妄語，才是實語。大多數人的言語都只是在表達自己想說的，而沒有考慮到聽的人是不是能夠理解。許多誤解及爭執往往都是因此而起。

我們說話的目的，是要讓別人能夠如實明白我們所希望表達的。要用這種方式去說話，而且所說的內容要對聽者有益，要能夠不傷人，才是在實踐瑜伽，才是在實踐夜摩的不說妄語。有人理直氣壯地說：「我說的都是實話！」不，如果是會傷人的實話，對聽者沒有益處，縱然是實話，也不是在實踐瑜伽的非妄語。傷人的言語不是眞正的實語，而是一種罪行。檢驗其他九種夜摩和尼夜摩的標準是，它們是否合乎「非暴」的根本法則。如果不合乎「非暴」，那麼就不能算是夜摩和尼夜摩。威亞薩告訴我們：「不要以爲說了實話是在積德，那是外表上的德行而已，只會將你帶入非常痛苦的黑暗深淵。」所以，我們的言語應該要能夠對所有眾生都有益，才能算是在說實語。

有人問，假如眞相會傷人的話，是否該說謊呢？這是非常微妙的情境。一般而言，我們是不會面臨這種兩難的道德危機局面。我們講話時，常常不假思索地脫口而出，自己以爲是直言直語，誰知往往給旁人帶來厄境。遇到眞正非常微妙的道德困境時，你應該細細思索，檢查自己該說什麼、不該說什麼。一個例子是，屠夫正拿著刀追趕脫逃的牲口，他向路上的人查問有沒有見到牲口。路人是該說實話，還是該扯謊來挽救牲口？在這個情形中，就應該要用上智慧來應對。

基本的原則是要避免發生任何的暴力傷害。問題是，如果我不說自己見到牲口，我是否犯了道德罪行？這就牽涉到一個屬於「彌曼莎」（Mīmāṁsā）哲理的觀念，叫做「主行之附隨」（āvāpa-gamana）。「主行」（āvāpa）是指聖禮中主要的部分，例如祭祀中之火供，「附隨」則是非主要部分，是添附加入的部分。這個道理詳細講來要費很多篇幅，但它的重點是，在大的善舉中，些微地不善是可以不顧（譯按，似乎與《禮記》的「瑕不掩瑜」同理）。因爲，業報的成熟不是會一個對一個發生的。業報是所造業行的總和所產生出的結果。詩人卡里達薩（Kālidāsa）說：「在大堆的美德中，何必執著於小小的敗筆？一輪皎潔的明月，其中有些微的斑點並不會掩蓋圓月的光明。」我們取決的關鍵在出發點、在心態。

三、非盜（a-steya）

威亞薩說，「偷盜」（steya）是以不合禮法的方式，收受別人的東西。非盜，就是不取非分之財。非盜還包括「不覬覦」（a-spṛhā）的心態在內。就是不可貪圖任何屬於別人的東西。

四、梵行（勿淫，brahma-charya）

威亞薩只簡單地說，「梵行」是全然控制自己產生性欲念頭的感官。他用了「saṁ-yama」（全然控制）這個字，字首的sam所表示的意涵是要全然地控制，也就是說，不只是控制某一個感官，而是控制所有的感官，不放縱任何感官，以免挑起自己有關性的欲念。但是，這仍然只是非常、非常簡單的意義，我們在後面會更深入探討什麼是梵行。

五、非縱（a-pari-graha）

威亞薩用了一句非常複雜的文字來解釋何謂「非縱」。爲了方便理解，我們把它分解陳述如下：

由於有正確的見地，知道——

（1）當自己想要取得、或是保住

以及　　吸引感官的外物對象的時候，

（2）當自己一旦失去

就會產生——

（1）貪戀執著

和　　的心理和行爲，

（2）暴力傷害

因此就會帶來——

災厄苦痛，

所以才不去攫取那些對象，這就是所謂的「非縱」。

我們不放縱感官去攫取、感受外面的對象的理由是：要去攫取、擁有那些對象，就是痛苦；感官對象所招來的不安全感，也同樣是痛苦；要保護已經擁有的對象、擔心失去它們，也是痛苦；而失去對象時更是痛苦，以及在攫取、保護、失去感官對象的行爲中，往往會用上暴力傷害（譯按，例如前面講述第15經時所引用的名言：凡享樂必傷及其他生靈）。有了這樣的正確認知，理解到它們所帶來的苦痛，所以不貪圖感官的對象，不放縱感官去追逐外界的對象，就是「非縱」。這是因爲「見到了」（darśhanāt）縱容會帶來災厄苦痛，所以才不縱容。不縱容是因爲能夠如理思維，而得出來的結論，是不爲也，不是不能也。例如，因爲生病無法進食，不是不想進食，就不能算是在從事非縱的斷食。因爲自己的問題，無法去賺錢，也不能算是不縱容自己的貪念。「非縱」不是要我們全面拒絕所有的感官對象。縱容的標準是，超過了維持自己生活所必要的程度，就是貪，就是縱。

以上是五種夜摩，五項要遵循的戒律。

譯註：

❶ 斯瓦米馬杜蘇達拿（1540～1640）：據說是斯瓦米拉瑪的前世之一。

II.31 jāti-deśha-kāla-samayān-ava-cchinnāḥ sārvabhaumā mahā-vratam

無身世、方所、時間等條件限制，乃遍及之弘誓。

經文拆解註釋

jāti-：身世、族類

deśha-：地方，場所

kāla-：時間

samaya-：條件、狀況

an-ava-cchinnāḥ：不分，不受限制

sārva-bhaumāḥ：普及，普遍，一切地

mahā-vratam：摩訶誓願、大誓

全段白話解讀

將夜摩戒律普遍適用於

所有瑜伽修行之境界和層次，

不因身世、時間、場所等情況而有區別，

是所謂的弘誓。

若是就這五個夜摩戒律發下大願，不是像決心斷食幾天那種有條件的誓願，而是無條件奉行，無論個人的身世，以及所處的時間、空間，完全沒有例外區別，就是所謂的摩訶誓願，即所謂的「弘誓」（mahā-vratam）。

samaya是「條件、限制」的意思，當你簽了什麼合約，就是一種samaya，任何契約都算。有的人願意遵守夜摩戒律，卻又有很多例外。例如，就物種族類而言，他說，我絕不傷人，但是可以傷害動物。就場所而言，他在我們瑞斯凱詩聖城中會守規矩茹素，但一出城就例外了。時間方面，像我上次所說的，有些佛教徒只有在每個月的某一天茹素，其他日子就例外。所謂的弘誓，是任何物種族類、場所、時間等情況，都沒有例外，就是遍及適用（sārva-bhauma）。

譯者補充：根據斯瓦米韋達的《釋論》，在履行夜摩戒律的時候，往往因爲我們自己所處的人生階段（像是梵行期、在家期、林居期、出家期等四段人生），有一定要盡的責任和義務，就會出現排除適用的例外現象。

例如，在第15經的說明中提到的普通人家中至少有五個屠場；又如以打漁爲生的人，必須打漁，但就不得殘害其他生物；又如軍人在戰事中必須殺人，但是在別的情境中則不許；又如要消毒就不可避免要殺滅微生物；又如要祭祀就不得不斬樹生火等等。

但是，當瑜伽修行到了最高的境地，就要提升履行戒律的層次爲周遍適用，不允許任何例外。那就是瑜伽士所要立下的弘誓，必須要完全出離，一切皆捨，即便需要祭祀，也是在心中爲之（心祭〔manasa puja〕是一種殊勝的觀想法門）。

瑜伽的肢法・外五肢

尼夜摩

第32～34經

II.32 śhaucha-santoṣha-tapaḥ-svādhyāyeśhvara-pra-ṇi-dhānāni niyamāḥ

清淨、知足、苦行、自習、奉神，是諸尼夜摩。

經文拆解註釋

śhaucha-：（身心）清淨，潔淨

santoṣha-：知足

tapas-：苦行

svādhyāya-：自習，持咒

īśhvara-pra-ṇi-dhānāni：一切皆奉獻於神

niyamāḥ：尼夜摩，善律

全段白話解讀

保持潔淨、知足、苦行、自習經典和持咒、
一切奉獻於神，名爲尼夜摩，
要遵行五種的善律。

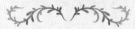

一、**潔淨**（śhaucha）：保持內心、身體，乃至於周遭環境的清潔和純淨。

二、**知足**（santoṣha）：滿足於已有的財物，不再欲求更多。但是，如果你求更多財物是爲了要幫助其他眾生，就不算是違反了知足這個善律。

三、**苦行**（tapas）：耐得住、忍得任何相對的不適、不便，例如飢渴、冷熱、久坐久站、靜默。威亞薩在這裡把靜默分兩種，一種是「外表靜默」（ākāra-mauna），只是禁語、不說話。另一種是「木靜默」（kāṣhṭha-mauna），像個木頭一般，身體不動，面無表情。

四、**自習**（svādhyāya）：定義和本篇第1經中的「自習」相同，包括了自行修習研讀經論，以及持咒。

五、**奉神**（īśhvara-pra-ṇi-dhāna）：此處「奉神」的定義，與本篇第1經中的「奉神」相同，將一切都奉獻於終極上師，但其中有一個差別。在第1經，所奉獻、所交出去的是「行瑜伽」（kriyā-yoga）的「行」（kriyās），包括所有的習練、所有的履行、實踐。你所有瑜伽的修練，都奉獻給終極上師，對成果沒有任何期盼。不會說：「我練了這麼久，怎麼還沒有見到光？」

而此處第33經所奉獻的不是「修習之行」（kriyās），而是「業力之行」（karmas），是一切作爲。不是瑜伽之行，而是日常一切的行動作爲都在內。在第1經，那是屬於「行瑜伽」，而在第33經則是屬於尼夜摩之一。

所有的學問都有個基本原則，就是高階的部分會涵括低階的部分，而低階的部分則沒有高階的部分。公斤之內有公克，而公克之內則沒有公斤。只能負荷五克重量的儀器，是無法負荷一公斤的重量。高階的行法必然已經包括低階的行法在內。《瑜伽經》第一篇第23經的那個段落，也說到īśhvara-pra-ṇi-dhāna。在那裡的「一心向神」是更高階的修行法，到第一篇第29經總結這「一心向神」的結果，其中一個是能「排除一切障礙」。

很多人來問我，為什麼自己練了這麼久，還是會分心、無法專一？我告訴你，這是因為你沒有老實去修、去實踐夜摩和尼夜摩的緣故。你靜坐時無法專一，就是沒有好好地去守夜摩和尼夜摩的戒律及善律的緣故。威亞薩在註釋中就引用到類似第一篇第29經的文句，能做到奉獻於神，種種障礙就會因而消失。所以，你要知道自己守戒律和善律嚴格到什麼程度，只要檢查自己靜坐時分心的程度就知道了。靜坐沒有別的竅門，一切竅門盡在夜摩和尼夜摩之中。

II.33 vi-tarka-bādhane prati-pakṣha-bhāvanam

若起違逆之障，則培養反制觀。

經文拆解註釋

vi-tarka-：違逆的惡念，不正念

bādhane：（如有）窒礙，阻礙

prati-pakṣha-：反制，相反

bhāvanam：培養某種心態、觀念

全段白話解讀

如果起了違逆惡念，

使得奉行夜摩的戒律和尼夜摩的善律受到阻礙，

就應該培養反制心態來對治這些惡念。

經文中的「vi-tarka」這個字，和第一篇第42、43經文中的「vi-tarka」那個字，意義不同。在此處，vi-tarka（違逆）所指的是和夜摩、尼夜摩的原則相違背的惡念。例如，不是存著非暴的想法，反而起了暴力的念頭。所以，如果受到負面的心態所阻礙，起了與夜摩、尼夜摩相違逆的惡念，就應該朝相反方向，培養自己反制的心態。例如，如果起了報復某人的念頭，想重重地打擊他，要讓他破財，要讓他聲名掃地，要毀了他等等，其實我們有時候會很陶醉於這種惡念中，這種違逆惡念往往讓我們陷於狂熱，而就是這樣的狂熱會使我們傾跌，脫離正途。

威亞薩告訴我們，此時，應該要培養反制的心態，要存想：「我原本輪迴於世間，在熊熊烈火餘燼中飽受煎熬，其後因依止瑜伽之道，對眾生行『無畏施』（abhaya-pra-dāna）。於今，我又重拾這些已經揚棄的違逆惡念，這種行爲無異於一條狗。就像狗會去舔舐自己嘔吐出來的污物，我又在重新拾起自己已經揚棄的東西。」

譯按，「無畏施」是布施，也是印度僧人在出家（saṃnyāsa）儀式要發的弘誓：「願一切眾生無懼於我。」（sarva-bhūtebhyo'bhayaṁ mattaḥ.）一切眾生無需懼怕我，因爲我不會是威脅、恐懼、傷害他們的源頭起因。（斯瓦米韋達曾經寫過一篇〈無畏禱〉，特地列在本書附錄中。）

有人問，那麼走上瑜伽之道，是否就不能再跟俗世打交道？這個問題好像在問，我走上瑜伽之道，是否就不能結婚？不是的，非暴不是要每個人都去出家。你還有很多業力習氣沒清掉，如果你遽然出家，遲些日子，那些違逆惡念還是會找上門來。你要根據自己身心的能耐和修持的境地去守非暴的戒律，你要做到自己最大能耐的地步，再加個百分之五，如此慢慢增加自己的能耐。

譯者補充，根據斯瓦米韋達的《釋論》：

我們爲什麼要去對治違逆惡念的論點，會在第34經中詳細討論。簡單地講，這些惡念的根源是無明，因此它們會造成輪迴而帶來痛苦。

印度傳統（包括佛家）在說明爲何輪迴是苦時，經常舉一個例子。他們說，胎兒在住胎期間所受的煎熬，如同所有地獄之苦的總和，因爲此時所經歷到的，是種種無聲又無助的念頭和感覺，都是往世留下的心印所形成。等到出胎，又會感覺到自己完全依賴他人，沒有自由，也無法採取任何行動來自助。青年時期要努力營生，要受到自己無止盡欲念和狹隘心胸的煎熬。老年期又要再度開始依賴行動自由的人，要忍受疾病、感官退化之苦。對絕大多數人而言，死亡是一種巨大的痛苦。然後，就算因爲善行報應而能夠在天堂淨土享樂，仍然不能擺脫痛苦，原因是，就算在天堂，還有別人比自己的享樂更高，以及天堂並非永恆，總有結束的一日。須知，如果因為暴行傷害等惡行所報，此人會經歷重重地獄之苦。等到終於由地獄重生，他還要多次投生於低等生靈繼續受苦。

因為如此，世間輪迴無絲毫之樂可言，我意欲脫離，永不再犯暴行，依止瑜伽。若再度淪落其中，就會如同狗去舔舐自己的嘔吐穢物，世間苦報又將無可避免地降臨於我。我們應該不停地如此思維追逐世俗之樂的過失，培養此種反制的心態，以對治及防止違逆的惡念。如此，則瑜伽會變得日漸輕易。當我們日復一日培養此種心念，惡念之網得以收束，就可以入三摩地之境，生起妙智，終於得解脫。

這種在內心的自我對話，不只適用於夜摩戒律，也適用於所有其他肢法，如尼夜摩、苦行、體式等。例如，和苦行相違逆的一種惡念，是覺得自己身體脆弱；和自習相違逆的一種惡念，是放縱於綺語閑聊；和奉神相違逆的一種惡念，是去仰慕思念那些墮落的人。我們可以自行設想用何種論點來支持此種自我對話，以對治那些違逆的惡念。

II.34 vi-tarkā hiṁsādayaḥ kṛta-kāritānu-moditā lobha-krodha-moha-pūrvakā mṛdu-madhyādhi-mātrā duḥkhājñānānanta-phalā iti prati-pakṣha-bhāvanam

違逆如暴力等，或自爲或使他人爲之，
或默許之，由輕、中、重度之貪、嗔、癡所起，
無邊之苦、無明爲其果報，此爲應起之對治心。

經文拆解註釋

vi-tarkāḥ：違逆，違逆的惡念（是）

hiṁsā-ādayaḥ：暴力等等

kṛta-：自爲之

kārita-：使他人爲之

anu-moditāḥ：同意，許可

lobha-：貪

krodha-：嗔，貪念引起的嗔

moha-：癡，幻想

pūrvakāḥ：在（什麼）之後

mṛdu-：緩慢

madhya-：中等

adhi-mātrāḥ：極度，強烈

duḥkha-：苦痛折磨

a-jñānā-：無明

an-anta-：無盡

phalāḥ：（爲）果

iti：此，這個

prati-pakṣha-：對立，相反

bhāvanam：培養某種心態、觀念

全段白話解讀

所謂違逆的惡念，如暴力等等，

都背離了夜摩、尼夜摩的守則；

它們是由輕度、中度或強度的貪、嗔、癡所引起；

不論是自己親自犯下，

或者導致他人所犯，

或者縱容其發生；

它們所引起的果報是無盡的苦痛和無明；

這就是應該要培養的反制觀。

「違逆」是指違反及違逆夜摩、尼夜摩。這一句經說，例如暴力有三種違逆形態：你親自動手去做的，你指使別人去做的，或是經過你默許同意的。所謂同意，是你明白表示同意，或者你雖然沒有明確表示同意，但是在發生暴力之時，你完全無動於衷，也不試圖阻止，那你就是暴力的共犯。

這種「違逆」是由三種心態所引起的：貪、嗔、癡（lobha-krodha-moha），就是貪婪心、憤怒心、迷惑執著心。這三種心又有輕微、中等、強烈（mṛdu-madhya-adhimātra）的程度區別。輕微的例子，像是你購買的東西在生產中有使用到暴力，但你並不在意，那就是違逆了非暴的原則。

「違逆」的結果，它的果報，是苦痛和延續無明。

對於「違逆」，當它們生起時，我們應該要培養反制的心態，應該要提醒自己：「啊，我是因爲貪才縱容它嗎？我是因爲憤怒才縱容它，還是因爲心念惑亂才縱容它？我是親自動手的嗎？雖然自己沒有動手，是否引起他人爲我動手，是否默許他人動手？無論違逆的程度是輕是重，都會導致苦痛，延續無明。」

《瑜伽經》的其他註釋者告訴我們，每當你挑戰別人的抵抗力，壓制他的抵抗力，摧毀他的抵抗力的同時，你就是在削弱自己此生或來生有意識或無意識層面的心力強度。如果你是一個心力脆弱之人，總是因自己的弱點而受苦，沒有力量面對外界的引誘或挑戰，那是因爲你曾經打擊別人的抵抗力。如果你傷害了別的生靈，你可能會轉生為低等的生靈，經歷煉獄般的生活。更甚者，你可能會飽受病痛的折磨，上氣不接下氣，縱然想死也死不成，因為業力還沒有消耗殆盡。

威亞薩接著說，如果有人此生積德甚多，而仍然犯下暴行，那來生雖然會幸福，但不免短壽。

他總結說，這些道理不只適用於「非暴」，也同樣適用於其他的戒律，例如「非盜」、「實語」等也同樣適用。所以，當你思議到「違逆」會帶來可怕的果報，就不應該放縱心念於「違逆」的念頭上。也就是，每當起了「違逆」的念頭，就要立即想到它會引起的果報，從而斷卻這念頭。

譯者補充，以《瑜伽經》的文字而言，這一句經的經文很長，斯瓦米韋達為我們把經文分成了四段，方便理解學習：

1. vi-tarkā hiṁsā-ādayaḥ（暴力、妄語、偷盜等等違逆。）
是在定義「違逆」的事項。暴力是非暴的違逆。夜摩及尼夜摩共有十項，所以和它們相反的違逆也有十項。

2. kṛta-kārita-anu-moditā（自為之、使他人為之、默許之）
lobha-krodha-moha-pūrvakāḥ（貪念、嗔念、痴念）

mṛdu-madhya-adhi-mātrāḥ（輕度、中度、強度）

是在將種種「違逆」由三方面予以區別分類，無論是那一類，都是應該要斷絕、要避免的。

3. duḥkha-a-jñāna-ananta-phalāḥ（苦、無明乃無盡之果報）

是告訴我們「違逆」會引致的後果，所以應該(1)避免(2)如此思維。

4. iti prati-pakṣha-bhāvanam（這個，就是該培養的反制觀）

是這一句經的目的。此處重複了前一句經文中的「培養反制觀」（prati-pakṣha-bhāvanam）文字，加上了強調語氣的「iti」（這個），就是在延續前一句經的主題，說：「所謂的培養反制觀，這就是了。」

瑜伽的肢法・外五肢

・奉行戒律善律之效驗

夜摩之果

第35～39經

II.35 a-hiṁsā-pratiṣhṭhāyāṁ tat-sannidhau vaira-tyāgaḥ

非暴落實，其傍無敵。

經文拆解註釋

a-hiṁsā-：非暴（之）

prati-ṣhṭhāyāṁ：確立，確守，落實

tat-sannidhau：在其面前（附近）

vaira-：敵意（之）

tyāgaḥ：失去

全段白話解讀

能將非暴的戒律理念落實的人，

效驗是他周圍的眾生都會放下對他的敵意。

根據《瑜伽經》，修行人是會發起種種「悉地」。你說悉地是神通也罷，是成就也罷，是效驗也罷，是特殊的能力也罷，《瑜伽經》的第三篇就種種悉地做了很多說明。悉地又可分爲「可取」和「不可取」。在第二篇的「八肢瑜伽」部分，列出了一些「可取」的悉地，本句經所說明的就是可取的悉地。

威亞薩爲我們定義了什麼是可取的悉地。接續上一句經的內容，他說：「因爲培養反制的心態得法，即使在面臨挑戰的情況下，仍然不會生起違逆的念頭，那就是功夫純熟到家，能得『自在』（aiśhvarya），這就是瑜伽士有了『悉地』的徵兆。」當瑜伽士嚴格遵守非暴理念，在他周遭的一切眾生都會放下對他的敵意。

敵人來到他的面前，他們會放下敵意。相互敵視鬥爭的人，來到了他的面前，也會自動平息對彼此敵視的心態。所以，我們可以說，要到了這個地步，你遵守非暴戒律的功夫才算到家。那麼，像我們這種離到家還遠得很的人，該怎麼辦？我們只有老實依自己的程度，看能做到哪個地步了，這是騙不了人的。我房間的門從不上鎖，很多人也都知道我把錢放在什麼地方，有的時候我房中可能有爲數不少的現金，可是我從來不上鎖。我不鎖房門，正是爲了確保財物不會被偷。但是我對你說，你可別學我，你要把錢鎖好。如果你還沒有到眾生對你不起傷害念頭的地步，我不會建議你晚上到有老虎出沒的森林中溜達。若你到了那個地步，有了那樣的悉地，老虎來到你棲身的洞穴，會溫馴得像隻小貓。

這是非暴的悉地，在嚴守非暴戒律的人面前，眾生不會起敵意，不會加害他。可是我們的問題偏偏相反，明明別人對我們沒有敵意，我們卻想像對方不懷好意。人家不妒忌我們，我們偏以爲遭人妒忌，認爲是別人對我們沒有好感。

譯按，斯瓦米韋達在《釋論》中寫道：

對修行人而言，這一句經所引申而來的教導是：

- 我們自己內心的態度、情緒模式，會讓周圍的人產生相同的心態。
- 別人的心態所反映的，往往是我們自己的心態。
- 如果想要安撫朋友、配偶、子女，以及那些我們認定懷有敵意的人，就得先改變我們自己的心態模式。
- 受到刺激並不代表自己應該跟著激動。
- 當所有生靈在自己面前都會放下敵意，他們來到修行人面前就像孩子見到了母親，而且這個現象是自然發生、毫不造作、持久穩定、次次如此，則我們可以肯定自己奉行非暴的戒律，已經到了爐火純青的境地。

到了如此境地，修行人就能得「自在」。

II.36 satya-pratiṣhṭhāyāṁ kriyā-phalāśhrayatvam

實語落實，其爲言行果報所依。

經文拆解註釋

satya-：實語（之）

prati-ṣhṭhāyām：確立，確守，落實

kriyā-：行爲（之）

phala-：果實，果報（之）

āśhrayatvam：所依止，所依靠

全段白話解讀

能將實語戒律理念落實的人，
效驗是言行和所生的果報，
都會依他的意欲。

「行為」（kriyā）包括了口舌的行為、祭祀的行為等。「果實」（phala）是說其人的言語絕不落空。

能嚴格遵守不說妄語的人，完全誠實的人，他的言語必定會產生他所意欲的結果。例如，他祝福別人成為有德之人，該人就會成為有德之人。他祝福別人升天，該人就會升天。他的言語會變得非常有效，而且所言必定應驗。如此之人，他給人的祝福就有力量。

如今，每個人都把祝福掛在嘴邊，你給的祝福卻極少會應驗。這與業的道理有關。每當你心中起了負面的念頭，例如，你把某人想成是自己的敵人，認為某人在嫉妒你，認為別人在侮辱你，這些都是一種暴力的念頭，是負面的心念（所謂念頭、想法，包括了言語和行動）。它們會在你的氣身、微妙身中產生負面的能量場，你的心念就會變弱，你的氣身、微妙身原本的光明就會變得灰暗。結果，你行為的效力就變弱，你言語的效果就變差，你的作為就往往無法成功。那就是我們為什麼會生病的原因，那就是我們人生失敗不如意的原因。但是，反過來說，如果你經常起正面的念頭，遵行夜摩、尼夜摩的戒律，你的心念就會變強，你的氣身、微妙身會變得光明，會更有能量，因此你的言行舉止就帶著能量，你自然會是個更有效力的人。

這就是為什麼我們祝福別人往往都是空話，因為它不帶能量。每年的除夕，大家都說了無數次祝福新年快樂的語句，可是世界仍然是個如此不快樂的地方！你的內在要先有正面的能量，言行才能有力。有句話說：「願你爲別人的祝福成眞。」這才是眞正的祝福！你應該要發願成爲這樣的人。記得當年我的岳父過世，我的妻子極度悲傷，打電話給斯瓦米拉瑪報喪，斯瓦米拉瑪對她說：「好了，沒事。今後我就是你的父親，你不會再爲此傷痛。」她因此安然度過了喪父之痛。

還有一個例子，大約在1971年，有一次斯瓦米拉瑪給了我一個很大的祝福，他說：「我會讓你的一切願望都得以實現。」我有那麼多心願，眞的都能實現嗎？可是果然此後我平生所抱的心願都一一實現。我告訴你一個祕密，只要你還有什麼心願未了，還牽掛著什麼沒有完成的事，就不可能得到終極「解脫」。所以，有時候上師會要弟子入世，讓他完成未盡的心願。因爲他看出來弟子仍然有未了的心願，會要弟子去把它們給了結了，再回來。

我再度提醒大家，所有的夜摩、尼夜摩，都是以「非暴」爲本，都是爲了「非暴」而有。如果它們不是出於「非暴」，不是在維護「非暴」，就不能算是夜摩、尼夜摩。所以，縱然你說實話，可是違背了「非暴」，就不能算是在遵守實語的戒律。

II.37 a-steya-pratiṣhṭhāyāṁ sarva-ratnopa-sthānam

非盜落實，一切財寶現前。

經文拆解註釋

a-steya-：勿偷盜（之）

prati-ṣhṭhāyām：確立，確守，落實

sarva-：一切（之）

ratna-：寶物

upa-sthānam：現身，侍奉，招呼

全段白話解讀

切實遵奉勿偷盜戒律理念有成之人，

效驗是一切財貨寶物都供他差遣。

能嚴格遵守不偷盜有成的人，他不必求，一切財寶都會自然來到。只要你克服了自己的貪念，你就會富有。這是致富的祕訣。有人來問我：「斯瓦米吉，我的生意在走下坡，一直都沒起色，怎麼辦？」我問他：「是嗎？你捐了多少出去做慈善呢？」「噢，我負擔不起！」「把你收入的一成捐出去。」「一成！那我怎樣去養家？」

不能用來抵稅的捐贈，才算是眞的捐贈，而且也不能讓別人去宣揚你的善舉，那才算。印度人有個壞習慣，例如他們捐獻給廟宇，會要求廟宇將他們的名字刻在廟中的碑上。我常對他們說，在國外，基督徒就不會有這種心態。我們印度人對自己的文化非常驕傲，但是在這方面實在讓人不敢恭維。

譯者按，斯瓦米韋達曾經說過，捐助給寺廟，或者任何捐助布施的行爲本身，就已經有「功德」，但是捐助人還要求名，就是一種「貪」心作祟，不值得鼓勵。

根據斯瓦米韋達非常推薦的一本由Swāmi Hariharānanada Āraṇya所寫的《瑜伽經》註釋，其中對本經有如下的說明，值得參考：

落實非盜戒律之人是毫無貪念的，如此之人的臉面會綻放出一種淡然無求的容貌，任何生靈見到他，都會對他極度信任，施主會覺得能對他做供養捐贈是極其榮幸之事，自然樂於將最好的物品呈獻給他。因此，這樣的瑜伽士所在之處，四方都會有珍貴寶物和高尚人士現前。此處所謂的寶物，包括了生物和無生物在內。

II.38 brahma-charya-pratiṣhṭhāyāṁ vīrya-lābhaḥ

梵行落實，得能耐。

經文拆解註釋

brahma-charya-：梵行、與梵同行（之）

prati-ṣhṭhāyām：確立、確守

vīrya-：精力，能耐

lābhaḥ：增長，成就，獲得

全段白話解讀

落實遵守梵行戒律理念的人，

效驗是他的精力和能耐會因而增長。

能嚴格遵守梵行理念的人，能夠禁欲的人，他的精力會因而增長。這一句經中所謂的「精力增長」，眾多註釋家對此有種種不同的解讀。我見到的很多翻譯，都將「vīrya」譯為男性的精液，那可不是本句經文中的意義。

譯按，斯瓦米韋達說過，瑜伽修行是要將能量導引向內、向上走。能量往外、往下釋放，豈不適得其反？他說，很多人將「昆達里尼」和「性」聯想在一起，是既荒誕又害人不淺。

威亞薩說，所謂精力是能耐，因為能耐的增長，所以種種德行能夠茂盛發揚。而充分掌握這種能耐的「悉地」，是成為一位傳法者，能夠將眞正的智慧植入弟子的心識中，迅速發芽結果。威亞薩的意思是，這樣的人才有法力，可以迅速啓引虔誠服從教導、精進修行的弟子，這個意義應該是很明確的，這才是眞正的密意。不過，其他的翻譯者都沒有這麼說過。我們要明白，所謂「梵行」或「禁欲」這個名詞的梵文是brahma-charya，字面的意思是「與神（梵，brahma）同行」（譯按，所以也中譯為「梵行」），不是沒有理由的。能節制性欲，才能獲得啓引的法力。啓引的意思是，將知識智慧傳遞給另一人。

注意，這裡所謂的啓引，不是喜馬拉雅瑜伽傳承那種授予咒語的啓引。不過，當我還是在家人的時候，會遵守傳統，先在一定期間內禁絕性事，才會爲人做咒語啓引。如果在那段期間內我沒有做到禁欲，就會取消啓引。

其實我們可以說，教學就是在傳法，它的本質就是啓引，言語不過是外包裝而已。在某種程度上，口授就是在啓引，這當然要因老師而有區別。如果是位禪定行者，他的口授教學中自然會有啓引的成分在內，這又是另一個題目了。

是否結了婚的人就不具備啓引的法力？對有些非常、非常特殊的人，婚姻生活是沒有妨礙的，因爲他的心念始終是在禁欲的狀態中。那是一種很不一樣的功夫，需要不同的修練方法。也就是我常說的：「在靜默中言語，在斷食時用餐。」❶

譯註：

❶請參閱斯瓦米韋達的《瑜伽就是心靈修行》（橡實文化出版），對這個看似矛盾的語句有詳細的解說。

II.39 a-pari-graha-sthairye janma-kathantā-saṁbodhaḥ

非縱落實，正覺轉世原委。

經文拆解註釋

a-pari-graha-：非縱容、勿攫取（之）

sthairye：（當）穩定

janma-：出生、轉世（之）

kathantā-：原委（之）

saṁbodhaḥ：全然覺悟、覺知

全段白話解讀

落實遵守非縱容戒律理念，
能夠到穩定不移的人，
效驗是他能正確而全然地
覺悟到自己轉世的原委。

「縱容」（pari-graha）是由「周圍」（pari）和「攫取」（graha）這兩個字組合而來。加了否定的字首「a-」，就是「非縱容」。威亞薩說，非縱容是不縱容自己的感官去攫取攝受外界的對象，請重新閱讀第30經的說明，以及他對「非縱」的定義。我們可以將這個詞理解成是，排斥對一切東西起了「我的」、「我所有」的想法，連對自己的身體也不例外。能如此思維，自然就不會放縱。「縱容」會使得我們向外追逐的習氣變得深厚，斷了自己的慧根，無法認識自己的本性。

「非縱」不僅是關乎個人修持的問題，也是有效解決人類對生態環境恣意掠奪的辦法。既然知道了我們對大自然所犯下的暴行，就應該有意識地減少對大自然資源的消耗。現在我們所消耗的，是大自然再生能力的百分之一百二十。那個多出來的百分之二十，就傷到了大自然的本，何況我們消耗的速度還在日益增加中。

這一句經文中的「kathantā」這個字，意思是「原委、事情發生的由來」。能夠嚴格遵行「非縱」而穩定不移的人，就會明瞭自己生命的原委，知道自己的前世是誰，有過怎樣的行徑，這一世是誰，這一世的行徑如何，來世又會是誰，來世的遭遇又會如何。他對這個問題的那股求知欲，都會完整地得到滿足。

我們凡人對於自己的認識僅止於此生，認定自己就只是現在這個人，什麼往世、來世，我們都無法如實證知。但是，經由修行非縱，就可以實證往世、來世。問題是，就算知道了自己的往世和來世，對自己的靈性有何益處？你爲什麼想知道？目的何在？很多人來問我，他們上輩子是誰。我會反問，你這輩子所經歷的傷痛還不夠嗎？爲什麼還要再去經歷千百次前輩子所遭遇的傷痛？假如你走在街上，遇見了三輩子前謀殺你的凶手，你要怎麼反應？至於來世，你現在的所作所爲就是在打造你的來世。只有當這一世結束時，你才能知道來世會如何，因爲你此生所造的業完結了，來生的業報才會開始結果。

那麼，究竟爲什麼要修行非縱，來覺知自己的前生和來世？因爲，你的內在有一股渴望，想要認識眞正的「本我」。要認識自己前生和來世，不爲了別的，只爲一個目的，就是認識那個眞正的本我，明白到多生累劫以來，認爲是「自己」的那個我，其實是無常、無足輕重的。有了這個認識，就是靈性的覺醒。如果沒有眞正做到不縱容感官、不貪於攫取外在東西，那麼認識前生來世的渴望，就只不過是好奇心在作祟，縱然認識到了，也不是靈性的覺醒。

以上第35至39經，爲我們說明了落實五種夜摩戒律所能引起的悉地。難道這不夠吸引你去老實修行瑜伽嗎？你祝福人家發財，人家就能發財，有這個本事多好？難道你不想有這本事？

接下來，我們要探討的是五種尼夜摩的善律：清淨、知足、苦行、自習、奉神。

瑜伽的肢法・外五肢

・奉行戒律善律之效驗

尼夜摩之果

第40～45經

II.40 śhauchāt svāṅga-jugupsā parair a-saṁ-sargaḥ

以清淨故，厭於自身不觸他人。

經文拆解註釋

śhauchāt：因爲（身、心）清淨

sva-：自己，本有

aṅga-：肢體

jugupsā：厭斥，迴避

paraiḥ：別的

a-saṁ-sargaḥ：不接觸

全段白話解讀

由於奉行清淨善律，

其效驗是會覺察自己的身體不淨，

也因而會避免接觸他人的身體。

從事現代心理醫療的人，可能會認爲奉行清淨的善律是可議的，而且要小心爲之。因爲在很多地方，像是美國，有很多對身體形象的認知出了問題的人，他們遭受很大的苦痛。表面上看來，這一句經只會加深這種病態。所以我們首先要記住，就像對身體不健全的人，某些瑜伽體式的習練就不適合；對心理不健全的人，某些瑜伽的心理修練法就不適合他。深入修習禪定，需要有健全的心理素質。對於自己身體有種病態式的厭惡感者，這句經就不適合他用來觀修。

交代了這個注意事項後，我們來看什麼是清淨、潔淨（śhaucha）。它是外在的潔淨以及內在的純淨。內在的純淨是什麼？是洗淨心中的污垢。心中的污垢是什麼？它們就是本篇一開始所講的種種煩惱。第40經爲我們說明的，是外在的潔淨。內在的淨化，則是在第41經說明。

這一句經說，我們終於認清，無論我們如何清洗身體來保持身體的潔淨，甚至爲身體敷上香料，可是身體的九個孔竅以及無數毛孔，仍然不斷地分泌出污穢。所以，奉行清淨的結果是，我們明白無論如何去努力維持身體的潔淨，都是徒然的，因而能捨棄對身體的依戀和執著。然後我們會連帶想到，如果我的身體本來是不潔淨的，那麼別人的身體也同樣是不潔淨的，對別人的身體就不會覺得有何吸引之處。這並不是說你不能接觸別人，而是說你會能夠不帶著欲念去接觸別人的身體。

II.41 sattva-śhuddhi-saumanasyaikāgryendriya-jayātma-darśhana-yogyatvāni cha

再者，心淨、意悅、專注、制感，勘見本我。

經文拆解註釋

sattva-：心的質性

śhuddhi-：純淨

saumanasya-：心念清澄愉悅，心悅意善

aikāgrya-：心念專注

indriya-jaya-：感官之克服

ātma-：本我（之）

darśhana-：見，領悟

yogyatvāni：堪爲，能夠從事

cha：以及，而且

全段白話解讀

而且由於奉行清淨善律，會順序發生下列效驗：

心地得到淨化，心緒變得清澄而愉悅，

心念能專注於一，感官受到控制，

所以才能如實見到眞實本我。

這是接著上一句經，繼續說明奉行尼夜摩的清淨善律，做內在的淨化。此處所謂內在的淨化，是要清除心地中的污穢，像是狂傲、驕慢、嫉妒等情緒，以及要培養悲心等善念。

能夠如此奉行的話，首先來到的結果是心的質地變得純淨，心地得到淨化（sattva-śhuddhi），悅性自然生起。目前我們的心，主導的質性是動性和惰性。例如，在一場會議中，大家激烈地爭論，就是動性主導了眾人的心地。如果你奉行清淨善律，心地已經被洗淨了，你生起的會是悅性，那麼你發言的音調、所使用的字眼，都會與他人不同。

其次，心緒變得清澄而愉悅（saumanasya），心變得美麗。什麼是美麗的心地？充滿愛意的心，對任何人都滿懷愛意（prīti），就是美麗的心地。有人問，這是否是《聖經》中所謂的「祈福」（beatitude）？那是爲人祈福、祝福的意思，不是悅心。心理學者馬斯洛（A. Maslow）曾經造過一個冷僻的字「eupsychia」（譯按，或許譯爲悅意或悅善），可以算是saumanasya的最貼切翻譯。

當你的心地變得清澄美麗之後，你就能專注（aikāgrya），你在靜坐時，心念就不會紛飛不定。你心中充滿愛意，在靜坐時就不會分心，這樣的心就能專注。

能專注於一的心，自然就能制服感官（indriya-jaya），完全控制感官。

最後的結果是什麼？是具備了條件、有能力（yogyatvāni）見到、證悟本我（ātma-darśhana）。否則，就還不具足證悟本我的條件。

奉行內在清淨戒律，就能夠依序得到心性純淨、清澄愉悅、能夠專注、制服感官、悟見本我等這五個成果。而內在的清淨，又必須以外在的潔淨為前提。

II.42 santoṣhād an-uttamaḥ sukha-lābhaḥ

以知足故，得無上樂。

經文拆解註釋

經文拆解註釋

santoṣhāt：（因）知足

an-uttamaḥ：無上，無可超越

sukha-：樂

lābhaḥ：獲得

全段白話解讀

因爲知足的緣故，

效驗是獲得無上喜樂。

威亞薩在此引用了出自史詩《摩訶波羅多》（*Mahabhārata*）的一段文字：「世間五官的欲樂，乃至天界之大樂，都遠不及於來自無欲之樂。」由於能知足，奉行知足的善律，獲得輕安喜樂，而且是最上乘的喜樂，沒有其他喜樂能勝過它。

譯者補充，斯瓦米韋達在《釋論》中寫道：

我們布提主要的本質是悅性，那就是喜樂。所以，我們的本性應該是喜樂的，但是由於受到惰性的蒙蔽，所以這喜樂無法時時顯露出來。如果能夠將這個惰性的阻礙清除，喜樂為本的悅性就會自然展露。在那種樂中，是不需要任何外在對象的。這種純然、無對象之樂，是所謂靈性之樂。

《奧義書》說：「造物者之樂放大一百倍，才等同梵之樂的一顆微粒，而無欲智者之樂等同梵之樂。」所以，知足能帶來無上的喜樂。此外，梵是圓滿無缺的，無所求也無所欲。能夠無欲的智者，他也不受貪念所縛。所以，梵和智者之樂等同，是無上喜樂。

II.43 kāyendriya-siddhir a-śhuddhi-kṣhayāt tapasaḥ

身根之悉地，以苦行除不淨故。

經文拆解註釋

kāya-：身體（之）

indriya-：諸感官、諸根（之）

siddhiḥ：成就，悉地，神通

a-śhuddhi-：不淨（之）

kṣhayāt：（因）消除

tapasaḥ：（由）苦行

全段白話解讀

因爲奉行苦行善律，

消除了種種不淨的緣故，

效驗是身體以及感官能起悉地成就 。

我們在本篇一開頭「行瑜伽」的部分提到，心地中的悅性受到污染所覆蓋，而苦行能夠讓我們洗除那些不淨。雖然遵守實語、梵行等戒律，也能算是一種苦行，但是此處所謂的苦行，主要是指能夠忍耐相對的不適，例如，寒冷、酷熱、飢渴、久站、久坐、靜默等，請參閱本篇第32經的說明。嚴格奉行苦行善律而起的悉地，分爲「身體的」和「感官的」兩類。身體的悉地，例如，可以任意將身形變得極小、極大、極輕、極重等等。感官的悉地，例如，可以見到極微小、極遠地方、隱藏起來的對象，也就是所謂天眼通、天耳通等。這些在《瑜伽經》第三篇中也會提到。

其實瑜伽的理論是，這些都不算是眞成就。你本來就具有這些能力，只因爲被種種不淨所覆蓋而發揮不出來。當塵垢被清除了，才似乎得了什麼超能力。我們要記住，瑜伽不是在給我們什麼新本事，而是在把障礙塵垢給除去，因此那些本來就有的本事自然會起作用，這才是「通」的意思，既不是超自然，也無關神。例如，我身上本來戴著珠寶，但因爲它被蓋在衣服下面，我不知道它的存在。只要掀開衣服就可以看到它，我卻老是在別處找它。有一天，我終於掀開衣服，看見了它，這不能算是獲取新東西，更不是憑空造出來的，它是本來就存在的。

大家對悉地（就是所謂的「神通」）都很有興趣，兩年前我曾經就這個題目做了一次專門的講課。基本上，所謂悉地的「獲取」是來自兩個途徑，一個是經過特殊的修行法門，例如做這種特殊的專注法、那種專注法，持這個咒、那個咒等等，以求獲得某種悉地。對於認眞求證三摩地的行者，這些法門都應該避之。另一個途徑是隨機發生的，就是照著你正規的修行方法去做，悉地自然會發生。你只要管好自己修行的功夫，悉地會如奴僕般等候你的使喚，呼之即來，揮之即去。

但是我要告訴你，要召悉地來容易，要請它走可就困難多了。你要是做不了它們的主人，婢女反過來成了女皇，變成你在伺候它們。有一位大家都聽過的大師，以有悉地出名，我不提名字。斯瓦米拉瑪來到這位大家奉為聖人的大師面前，大師問他：「我變個東西送你，儘管開口。」斯瓦米拉瑪說他只要一隻破鞋，大師居然變不出來！

悉地並非絕對不好，假如你有的話，用來幫助世人就沒問題。重點是不要去求它，讓它自然來到。而當你眞正需要用到它的時候，你可以召它來。我沒有辦法讓窮人變富，沒有辦法變出金塊來，不要以為我有那種悉地。可是，當我眞正、眞正有某種需要的時候，我會用上它。還是那句老話，如果你不能控制它，把它請來了送不走，那眞無計可施。玩弄悉地對於眞修行人就是一種干擾，它的貽害不下於追逐世俗的物欲。

II.44 svādhyāyād iṣhṭa-devatā-sam-pra-yogaḥ

以自習故，與所奉神明相應。

經文拆解註釋

svādhyāyāt：（因）自習經典，持咒

iṣhṭa-：所供奉，所景仰

devatā-：神明

sam-pra-yogaḥ：和諧相應

全段白話解讀

自行修習經論並默持咒語，

效驗是能與自己所供奉的神明相和應。

「自習」（svādhyāya）這個字有雙重意義，一個是自己研讀學習能啓發人心的經論，另一個就是在心中持咒。就瑜伽而言，自習的主要意義是持咒。但是在現今的印度語中，「svādhyāya」這個字的意義就只限於學習。

經由自習，我們能與自己所信奉、所鍾愛的神明相應。這就是持咒的功效。這一句經也是我最喜歡的經句之一，因爲我是個懶人。威亞薩解釋這句經說：「能深入自習的人，神明以及昔日的聖者、大神通者，都會爲他現身，並且會爲他代勞。」對於一個懶人而言，還有什麼比這個更好的辦法？

我常對人說，什麼也不要做，就只管盡量懶惰。有一次，我在芝加哥的某個機構演講，題目就是：「懶惰才能見到神！」大家都喜歡懶，但是那種懶只能算是半調子的懶，不肯做到百分百的懶。懶人最喜歡什麼？他就想坐著不動。但那哪算得上眞的懶？他的心仍然東奔西跑個不停。爲什麼不讓心也懶一下？爲什麼不讓心也坐下來不要動？當你能把這種懶做到完美的地步，神明就會來看望你。

此處所謂的「神明」（devatā）是什麼意義？那就是咒語內的「勢能」（śhakti，夏克提）有時會形成了相，所以你才能見到。

II.45 samādhi-siddhir īśhvara-pra-ṇi-dhānāt

三摩地成就，以奉神故。

經文拆解註釋

samādhi-：三摩地（之）

siddhiḥ：成就，悉地，神通

īśhvara-：（對）神

pra-ṇi-dhānāt：（因）奉獻、交出

全段白話解讀

能夠真做到一切奉獻於神，

效驗是三摩地的成就。

威亞薩說：「若人能將他所有的生命都奉獻給神，就能成就三摩地，因而能完全而正確地知曉一切所想知曉的，不受時、空、身體所限制。」到此，他的智慧已經能夠如實認識所有一切的本來相貌。

而目前，換了時空，換了身體，我們就不認識了。

有人問，走奉愛瑜伽（Bhakti Yoga）路線的人，也是將一切都奉獻給神，是否也能成就三摩地。是的，可以。通常奉愛瑜伽或類似的修法所奉的神，是屬於「有質性的」（sa-guṇa），是有相的，有個美麗莊嚴的形象，那就不免被相所限制。如此所成就的三摩地，就是我們在講解《瑜伽經》第一篇時所說的「有智三摩地」。最高的「非智三摩地」是要到了「無質性的」（nir-guṇa），無相的地步，那就和禪定瑜伽（Dhyāna-yoga）、昆達里尼瑜伽（Kuṇḍalini-yoga）一樣。請你務必瞭解，這不是在批評哪個法門，也不是對哪位大師有意見，我何德何能去評斷他們？只是在表述帕坦迦利的說法。大師們就像給我們餵食的母親，我們都是在哺育中的嬰兒罷了。

《瑜伽經》有三處提到「奉神」，分別是在第一篇（第23至28經），第二篇的「行瑜伽」，以及「八肢瑜伽」中的尼夜摩，在這三處的意涵有何不同？簡單地講，是依經文所在的背景而有區別。例如，在八肢瑜伽所講的奉神，是爲了要感召初學之人。而在第一篇，是適合上根人，在那裡所講的則是眞實證悟境地，不是一個有形的神站在那裡，還有一個我在奉獻膜拜那個神，不是那回事。到那裡，是不再有奉獻者，不再奉獻膜拜這件事，也不再有受奉獻的神，是自己完全與神合一。正是：「愛之途徑狹又窄，兩者難並容。昔時有我，就不見神。於今有神，我已不再。」眞正的奉愛，怎麼能區分神和奉獻者？到此才是眞正而完全地將所有的生命都獻了出來。

古來註釋《瑜伽經》的大師們都說，只要能做到奉獻於神，那麼八肢瑜伽中的每一肢就都做到了。而嚴守五條夜摩戒律及前四條尼夜摩善律，到了完善的境界，就都體現在「奉獻於神」這一條善律上。如果履行非暴，卻沒有導致奉獻於神，就不算眞的做到非暴。如果戒除暴力不是出於對神奉獻，那就不是最高境界的非暴力、不傷生。所以我們看到，夜摩和尼夜摩的十條紀律，一頭一尾，剛好分別是非暴和奉獻於神，其他的都夾在這兩條中間。除了奉獻於神，其他各項紀律都是相輔相成的，如果你非常精進地去實踐任何一項，其他各項都會水到渠成。

如果你只做奉獻於神，而不去練八肢瑜伽的其他肢，你也可以成就三摩地。因爲通了這一項，其他每一肢自動都通了。而其他的各肢，卻沒有哪一個具有同樣的效力。雖然如此，要眞能夠將所有一切都奉獻給神，可不是一件簡單的事，大家都說得到，有幾個人眞做得到？誰可以完全放下我執，完全沒有了我，只有神存在？也許億萬人中才有一個人。

不信神的人若是能持咒，仍然會受益。咒語中蘊藏的音聲力量，能揭開蒙住你心頭的那面紗。我在美國的時候，比較少跟學生講神，因爲在那個時代，信神不是一件時髦的事。我就只把咒語傳給學生，用科學的方式把咒語的效用解釋給他們聽。過了六個月、一年、二年、三年，這些原本不信神的人都開始信神了。你不必一開始就跟大家去談神，因爲很多人會起反感。只叫他們去練，別的不用多說，他們的心自然會慢慢地打開，自己會去信神。信神與否，不是靠辯論、靠講道理，就能讓人信服的。會信神，只能靠神恩。沒有神恩，你是不會信神的。

有人來到一位聖人面前說：「我不信神！」聖人感戴地說：「啊！眞是蒙神恩賜，你口中居然說出神這個字來！」

你信神到什麼程度，正反映出你所受賜神恩的深淺。你在靜坐的時候，別的都不必求，就只需要求那個恩賜的來到。所謂恩賜，不是別的，蓋在你心頭的那面紗被揭開了，就是恩賜。心懷感恩奉獻的人，他的三摩地就來得快（譯按，斯瓦米韋達在講述第一篇的時候就說「奉神」是修行的捷徑）。

一切對神的探討、論證、想像，都是無用的戲論。不必去談論它，只管去做、去練就好了。

以上是對夜摩和尼夜摩的介紹。夜摩被列爲八肢瑜伽的第一肢，是因爲初學夜摩的戒律，以至於最終將夜摩做到完善，都不需要有習練其他的肢法爲前提。尼夜摩善律則是需要以夜摩的修練爲前提。習練體式需要以頭兩肢爲前提。調息則以頭三肢爲前提。內攝以頭四肢爲前提。專注以頭五肢爲前提。禪那以頭六肢爲前提。三摩地則以前面全部七肢爲前提。

所有的夜摩戒律和尼夜摩善律，都要勤於習練，才能削弱煩惱。無論是容器的哪個部分，只要破了一個洞，整個容器就會漏水。同樣地，只要略過夜摩或尼夜摩其中的任何一項，全體戒律和善律都會因而失去功效。

瑜伽的肢法・外五肢

體式

第46～48經

II.46 sthira-sukham āsanam

穩定舒適爲體式。

經文拆解註釋

sthira-：平穩，固定

sukham：舒適

āsanam：姿勢，體式

全段白話解讀

要穩定且舒適，

才是瑜伽的體式法。

各種夜摩和尼夜摩的意義，以及它們所能帶來的悉地，前面都介紹過了。現在開始講八肢瑜伽中的第三肢，體式法。

瑜伽的體式，必須要能平穩，要能舒適。關於廣義的瑜伽體式，我之前出版了一本哈達瑜伽的書❶，其中交代了我認爲什麼才是瑜伽所謂的體式，大家不妨參閱。

此處「體式」（āsana）這個字，與我們在介紹第一篇（第12、13、14經）時的「習坐」（abhyāsa，串習）那個字，兩字來自同一個動詞的字根「√ās」（意思是「坐」）。「習坐」的意思是，爲了達成目標，重複地朝向上師而坐，在上師跟前而坐。這其中的「坐」（ās），包括了坐的地方，以及坐的姿勢。

譯按，斯瓦米韋達強調，「abhyāsa」通常被翻譯成「練習」（practice），然而，它的意涵是重複、一而再、再而三、不斷地習練，所以在佛經中被翻譯成「串習」，要成串、串在一起，就是同樣的習練，接續地去做。而斯瓦米韋達強調，在《瑜伽經》中，尤其是在以「三摩地」爲篇名的第一篇中，它正確的意義是重複地去坐，是禪坐、靜坐，身體以及意念都要朝向上師而坐。

因此，在《瑜伽經》中，「āsana」這個字，主要指的是靜坐的坐姿體式，不是哈達瑜伽的種種體式。這個字的意涵也包括了我們所坐的地方、所坐的坐墊、所坐的姿勢，都應該要穩固而舒適。

威亞薩在註釋中列舉了好幾個體式：蓮花式（padma-āsana）、英雄式（vīra-āsana，也是指坐姿，不是一般習見的立姿）、完美式（bhadra-āsana）、萬字式（svastika-āsana）、杖式（daṇḍa-āsana）、輔具支撐（sopāśhraya）、床架式（paryaṅka），以及如鷸、如象、如駱駝的坐姿，這些都要能顧及到三個要求：保持對稱均衡（sama-saṁsthāna）、穩定舒適（sthira-sukha）、輕易舒適（yathā-sukha）。

但是，他所舉的這些名稱，有的是同一種體式，但用不同的方式稱呼它，有的則是有不同的體式，也用這個名稱，容易讓人困惑，以至於我們無法確認他究竟是在講哪一種坐姿體式。在眾多的《瑜伽經》註釋版本中❷，有一本我非常倚重的，作者是Vāchaspati Miśhra，他把威亞薩所列出來的體式的其中幾種做了定義，但這還需要進一步辯證。我希望你們其中有人能夠下點功夫，參考各家之論深入研究。

威亞薩所列出來的名稱字眼中，有些不是體式，例如，「sopāśhraya」的意思是「使用輔具支撐」。字中的「upāśhraya」就是「輔具」。這有幾種。在古老的雕像中，我們見到其中人物盤腿坐著，膝蓋用強韌的布條捆紮起來，布條就是一種輔具。這些雕像在今日從印度到柬埔寨，都還看得到。另外有一種輔具，就像你們見到我上課有時用來支撐上半身的托架。我使用的那種托架頂端是平的。也有托架頂端是曲線的，是撐在左側或右側腋窩位置，如此可以讓另一側鼻孔的呼吸變得更爲流通。還有一種托架的頂端也是曲線的，是將下巴架在上面。這些托架叫做「bairāgin」，字面的意義很有趣，是「出家人的女伴」（譯按，斯瓦米曾說過，出家人身無長物，但是古來允許每位斯瓦米保有兩個托架），它也有其他名稱就是了。

威亞薩說，體式有三個要求。這三個要求對一切靜坐以及哈達瑜伽的體式都適用。第一個是「保持對稱均衡」，這很容易理解。但是對於靜坐的坐姿來講，「保持對稱均衡」還有一個特殊的意思，就是要保

斯瓦米韋達使用托架

持頭部、頸部、脊柱的正直。關於體式，有個基本的道理是大家應該要知道的，我們人身最主要是從腰部到頭部這個軀幹的部分，手和腿這四肢是從屬部分（upāṇga）。靜坐姿勢的重點是在這軀幹的主要部分，要保持對稱平衡，所以才能坐得正直。我所看到的諸家註釋中，只有一位稍稍提及這個道理，其他的對此都沒有解釋。

第二個要求是「穩定舒適」，所以姿勢才能能夠持久。

第三個要求是「輕易舒適」，要能夠隨意地，輕易而安然地，進入自己的姿勢。

譯註：

❶ 繁體版：《哈達瑜伽》，台北橡實文化出版；簡體版，《哈達瑜伽精義》，北京中央編譯出版社出版。

❷ 斯瓦米韋達所寫的《瑜伽經釋論第二輯》（英文版）中，列出了他所參考的十八個版本。

II.47 pra-yatna-śhaithilyānanta-sam-ā-pattibhyām

因鬆勁，融入無盡。

經文拆解註釋

pra-yatna-：（由於）用勁、出力

śhaithilya-：放鬆，鬆弛

an-anta：無盡（之）（或，另一解讀：ānantya-：無盡性）

sam-ā-pattibhyām：（由於）融合

全段白話解讀

瑜伽的體式，

之所以做到穩定且舒適，

是因爲能夠鬆弛勁力，

以及能夠將覺知融入無盡之中的緣故。

這句經是前一句經的延續。前一句說，體式的悉地，或者說體式的成就，是穩定且舒適。這一句經則是告訴我們，要有那個悉地，要成就那個地步，是由於做到了兩件事。首先是鬆勁，不用勁，把勁力放鬆（pra-yatna-śhaithilya）。只要身體一出勁，只要一使力了，就不是瑜伽。瑜伽是要把身體維持在放鬆狀態。我們所教導的瑜伽法門是，只有需要用到的部分才出力，其他部分應該保持放鬆。例如，我見到有人在住氣（kumbhaka，或譯為屏息）時，他的臉頰就緊繃起來，手臂也因為出力而僵硬。我們的氣不是住在臉頰或手臂中，它們為什麼要出力？如果身體不需要用到的地方也在出力的話，就會阻塞能量的流動。你要學會讓能量流動，讓它去到需要用到它的地方。沒有掌握到瑜伽放鬆法精髓的人，習慣於用勁，而且往往不自覺在出力。你應該要讓這句經所講的不出勁放鬆狀態，變成你自然而然的狀態，而不是「努力」去放鬆。

因此，正確的哈達瑜伽體式，在做起來時應該是平順地流動，沒有頓挫的。要讓圓滑的曲線取代尖銳的彎動。這和印度古典舞蹈的基本要求一致，一切動作都要流暢平順。其中的祕訣是，不是身體在使喚能量，而是內在的能量在使喚身體。一切瑜伽的習練，應該是氣身層在習練，不是食物身層（肉身層）在習練。能如此，才是眞瑜伽，否則就只是體操運動而已。我們常常要大家記住，瑜伽不是體操運動。可惜現今的瑜伽界，都是把體操當成瑜伽。所以你記住要鬆勁。這個原則，就是帕坦迦利瑜伽，就是斯瓦米拉瑪的喜馬拉雅瑜伽，所傳授、所提倡的原則。

譯按，斯瓦米韋達在《釋論》中寫道：

很多習練瑜伽的學生，常常抱怨身體會不由自主地擺動、震動、抖動。瑜伽的老師應該知道這種現象產生的原因，大致上是來自：

情緒的干擾，因此會引起：

- 太多不必要的動，人生老是安定不下來，不斷地投入世俗的事務，這包括了那些表面看來像是在追求靈性成長的活動，例如想去朝聖，其實都是由於心不定所引起的欲望。
- 太多的體力或是心念活動產生的疲勞。

瑜伽老師應該建議學生：

- 盡量減少上述的活動，將身心歇下來。
- 在身體顫抖之前，立即停止體式法的習練。
- 在每堂體式法習練之前、當中、體式與體式之間、結束後，都要做放鬆法。
- 身體不需要用到的部位要保持放鬆，所以才能節省能量，將能量更好地用於體式法的習練上。

現今很多西方的心理治療師都懂得使用「逐步放鬆」的方法，但是很少人知道他們這個方法是出自《瑜伽經》裡的這一句經。「逐步放鬆法」只不過是一整套放鬆法門的起步而已。我從老師那裡學到的放鬆法，有將近三十套繁雜的功法，都是躺成攤屍式，然後用意念去練，從逐步放鬆法開始，一直到最高深的瑜伽睡眠功法。最終是到了瀕死境地。到此，就可以憑自己的意志力進入死亡。瑜伽大師Swami Hariharānanda Āranya總結說，最終極的鬆勁，是「鬆勁即如死亡狀態」（mṛtavat sthitir eva pra-yatna-śhaithilyam）。憑這句話就知道他是有實修過的人，否則不會有如此深刻的體認。

這一句經的第二個部分就不是很好懂。第一個部分的鬆勁，主要是屬於身體上的功夫。第二部分的功夫就完全屬於心的層次。經文說，達到體式悉地的原則是an-anta sam-ā-patti。「sam-ā-patti」（三摩鉢地）這個字在第一篇第41和42經也出現過，它的字面意思是「融合、融入」。如第41經說，能感受者、感受（之工具）、感受之對象，三者融合為一不可區分，就是三摩地。

至於本經的an-anta sam-ā-patti，它可以有兩種讀法，所以就有兩重意義。一個是讀成ānantya sam-ā-patti，它的意義是屬於「無質性的」，無相的。也就說，做體式之人的心識，融入了那超脫的、無相的、無邊無盡的空中。當觀想那廣闊無垠的空，到了心念和觀想對象的空融合了，也就是說到了三摩鉢地的境地，那麼體式自然會穩定、舒適，毫不費勁。

此外，《瑜伽經》第三篇第31經有提到一種特別的觀想法門，就是將心念集中於「龜脈」（kūrma-nāḍī）來固心得止，那也可以成爲這一句經的一種觀想法。

另一個解讀是讀成an-anta sam-ā-patti，則是屬於「有質性的」，有相的。依印度神話的描述，我們這個物質宇宙世界，是安置在一條千頭靈蛇的頂上，所謂「一千」不是固定的數目，而是表示數目極多。那條能量的靈蛇就叫做「An-anta」。用特殊的咒語來禮拜那條靈蛇，就是an-anta sam-ā-patti。使用咒語來啓動、控制昆達里尼，就能得到助力。靈蛇能穩定支撐住這個宇宙世界，而昆達里尼則能夠支撐身體，維持體式的穩定。

我說過很多次，有些人在靜坐的時候身體會動，會看到什麼景象，會聽到什麼音聲，他們就認爲是自己的昆達里尼被喚醒了。那是一種誤解。眞的喚醒了昆達里尼的人，會進入絕對的靜止。身體能完全靜止，才是昆達里尼受控的象徵。你要看某人的昆達里尼是否醒過來了，就看他是否能保持絕對的靜止。你不要以爲要先喚醒昆達里尼，下一步才能談如何控制昆達里尼，這個說法是有問題的。身體會不受控制地動，多半是因爲神經系統出了問題而引起的，不要把它當成昆達里尼的作用。昆達里尼已經醒來之人，會是人格高尚之人，不再有低俗的心念，他的情緒是已經完全地淨化了。

所以，我不必去聽信某人的昆達里尼是否已經喚醒，我只管觀察他的人格是否高尚，是否少了我執，少了私心，是否在受到別人撩撥時，情緒能夠毫不動蕩，那我就知道他的昆達里尼是否已經被喚醒了。能完全自控，才是昆達里尼的表現。沒有所謂昆達里尼失控這回事。沒有受控，就不是昆達里尼。能克服自己的情緒、克服自己的欲望，那是昆達里尼。

可是，有的人堅持自己的確看到某些景象，有某種感受。是的，他可能眞是如此，但那究竟是生理原因引起的（例如神經系統出了問題）？是心理原因引起的？還是一種心靈現象？身體感受到什麼，在絕大多數的情況下，並不是一種心靈現象。例如，腦部某一塊區域受到刺激，就能讓人覺得聽到什麼或見到什麼，這跟昆達里尼沒有關係。我的上師斯瓦米拉瑪訓練我要有科學精神，所以我對很多所謂的靈異現象都保持懷疑的態度。碰到什麼現象，我會先用科學的方式去探討，只有在用盡了一切科學手段仍然無法解釋，我才會開始接受是某種靈異現象。很多人自稱如何如何，都是在自欺欺人。他仍然會起嗔心、起貪心，我執變得更大，更容易覺得被人冒犯。這算什麼昆達里尼？

爲什麼那股能量被稱爲「昆達里尼」？這是因爲它的形狀和動態，與蛇類似。你要明白，能量是有很多層次的。單單靠我們的體熱，就能讓人感受到光。如果你壓按眼睛的某個地方，也能讓你見到光。那種光不是神。我們的五層身套（koṣha，肉身層、氣身層、意身層、識身層、樂身層），每一層都有自己的能量場。我們的生命本身就是一層又一層的能量場。你現在所感受到的是哪一層的能量？爲什麼起了什麼感受，就要稱它是昆達里尼？各個身層就譬如是地方政府，昆達里尼則是中央政府。地方不等同中央。但是話說回來，我也不否認，在每一個層次的能量經驗中，或許可能會有些微的靈性經驗。但那究竟不是昆達里尼全面的覺醒。

好的，在回答了好幾個關於昆達里尼的問題之後，現在回到本題「融於無盡」（an-anta sam-ā-patti）。在「有質性的」的情形下，可以使用特殊的咒語禮敬某個有相的神明，來達到體式的穩定舒適，也就是達到體式的悉地。

有人問我，爲什麼我一坐下來，雙腿就能盤住好幾個小時不動，不麻也不痛。這或許也算是一種「體式悉地」（āsana-siddhi），我要坐多久就能坐多久，這個悉地是個恩賜，並不是練出來的。假如你的身見還沒有消除，你對自己的身體還有依戀執著，那你只好慢慢來吧。有些瑜伽大師是殘障人，例如史詩《摩訶波羅多》中有位大聖，生下來身體有八個地方是扭曲的，所以他的名字就叫「八曲」（Aṣhṭāvakra）。

我還可以告訴你，無論我是自己靜坐或是帶領學生靜坐，我的背是直的，還是彎的，對我而言毫無區別。因爲我不受身體的限制，姿勢就影響不到我，更別說我的身體還有許多其他的疾病，都不會影響我。可是，如果你還放不開自己的身體，就要在心上做功夫、在心上做功

夫、在心上做功夫。漸漸地，你就能夠不受身體的疾病障礙所影響。在心上做功夫，不只是持咒而已，一定還要淨化自己的情緒。而淨化情緒不是一件容易的事，很多人以爲自己的情緒已經淨化了，結果禁不起考驗，一碰到什麼刺激還是退回到原點。

印度的神話中，提到一位名叫「庫布佳」（Kubja）的婦人，她的脊椎嚴重彎曲，但由於她對神主奎師那（Kṛṣhṇa）的信奉堅定不移，於是神主以腳踏住她的腳，然後用手托住她的下巴，將她的脊柱拉直，她就變成一位美麗的天神。有一派密教就稱爲「庫布吉卡唐特拉」（Kubjika Tantra）。我們每個人的昆達里尼，都像是變形的脊椎，所以你需要奎師那來爲你把扭曲的昆達里尼拉直！不要區別誰是奎師那，誰是拉瑪，誰是基督，誰是佛陀，他們都是上師，他們都是同一個。但是，因爲你有所區別執著，所以他們才會以你所信仰的形態爲你顯形。基督徒臨終時見到神，印度教徒臨終時見到拉瑪，佛教徒臨終見到佛菩薩。神本來是一，爲了眾生才現形爲多。

譯按，斯瓦米韋達的《論釋》，在解釋這一句經的結尾時，寫下了一段對譯者而言屬於非常深奧的摘要，實修之人應該會覺得甚有參考價值。然而，譯者的程度和境界有限，譯文頗爲晦澀，希望讀者見諒，並盡可能自行參閱原文。又，斯瓦米韋達屢屢告誡，實際修證必須由過來人親傳，書本所載，僅是粗描而已，尚請讀者留心。

本書上面所介紹的，用無盡空（ānantya）或是用靈蛇（an-anta）的解讀方式，所產生種種不同的觀想方式，都是同等眞確的。這些都可以讓修行人的內在得到靜止，因此他的體式就自然不用費勁而穩固。我們將這個心念融合（sam-ā-patti）的過程簡單做了一個整理。

外在的功夫是身體的鬆勁法（prayatna-śhaithilya），也就是要：

- 讓自己歇下來，不要去追逐俗務，不要動蕩不停。
- 做放鬆法，要能夠以放鬆的狀態進入體式，且一直保持放鬆狀態。
- 所以才能夠合乎體式法的標準（不費勁、舒適），做到純熟爲止。

內在的功夫是心念的集中，做到融合，就是要：

- 集中注意力於龜脈，以固心得止。
- 將心念覺知經由心蓮（dahara-puṇḍarīka，蓮花細空）擴充成爲整個內在之空（ākāśha）或宇宙之空，尤其是要成爲宇宙之昆達里尼，那巨大能量的種種形態，例如：靈蛇，或神主所顯現的有形大身（virāṭ-rūpa），尤其是那穩定性，也就是惰性質性的顯現，是那靜止的一面。

- 因此證到那被個體化的我執，它有個宇宙的一面是靈蛇和神主有形大身，所以，由個己投射至宇宙，以及宇宙融入個己，是在融合的過程中所體驗到的，因而悟到「托住宇宙的靈蛇，是靜止的。我就是它」。
- 能如此，就超脫了把身體認爲是我的執著，就不再會因而導致不定和不適。
- 從而對於蜷伏在根底脈輪（海底輪，mūlādhāra-chakra）成三圈半的昆達里尼，也有同樣的覺知。
- 到此，「根中心」和「心中心」因爲融合而得止，二者變成繫結在一起。

此處所教導的體式，是構成三摩地的一環。在口耳相傳的傳承裡，能夠連續三小時又三十六分鐘一直保持住絕對靜止的坐姿體式，身體毫無任何細微的抖動，而且帶著上面所描述的那種觀法，這樣的坐姿體式法就可以帶人輕易進入三摩地。

II.48 tato dvandvānabhi-ghātaḥ

於是不受對立之苦。

經文拆解註釋

tataḥ：於是

dvandva-：對立二者，反差

an-abhi-ghātaḥ：不受影響，不爲所苦

全段白話解讀

由於征服了體式，

於是不再會屈服於（例如寒暑等）

對立的境地。

《瑜伽經》的第一篇第30經講到有九種心地之「干擾」（vikṣhepa），它們是修行中的「障礙」（āntarāya）。第一篇第31經接著說，有五種伴隨而來的干擾，就是：苦、挫折、身不定、未受控的呼和吸。威亞薩在解釋本篇第47經的時候說：「因爲能夠鬆勁，所以體式才能成就，那麼就不會有『身不定』的干擾，肢體就不會不由自主地抖動、擺動。」所以，本經也可以視爲那五種伴隨干擾的對治法門。

另一個干擾是「挫折」，這是那些折磨人的痛苦的心念。如果你的心地已經淨化了，對他人存有慈悲喜捨的心態，那麼做起體式來，尤其要保持在靜坐的體式中，就會毫不費力，肢體就不會擺動、抖動。你只要留心觀察每個人靜坐的情況，就可以知道他心中情緒的起伏，知道他懷著多少的愛意還是嫉妒心，知道他內心是否包藏著很多苦痛。

前面第46經提到，體式能做到穩定和舒適，就是體式的成就。本經則總結說，能征服體式之人，就不再屈服於對立的情境，例如寒暑、苦樂、毀譽、喜厭等。這是非常短的一句經，但是非常難做到。

有人問，遵守夜摩、尼夜摩，不是也可以克服對立的情境，像是毀譽、喜厭等等？是的。夜摩、尼夜摩及體式，是相互連動的。能遵守夜摩、尼夜摩的人，他自然會想要去完善自己的體式。練體式法的人到了某個地步，能覺察到因爲自己的心念不穩定，所以影響到體式，他就自然會去遵守夜摩、尼夜摩。八肢瑜伽的每一肢法都是相互連動的，所謂的五個「外肢」尤其是如此。講到這裡，我要爲大家做一些補充說明。《瑜伽經》的傳承講八肢，就是分爲八個部分。可是在不同的傳承，肢的數目就會有所不同，從二肢到十五肢都有。《瑜伽經》將夜摩、尼夜摩各分爲五種。有的傳承則分成十種夜摩、十種尼夜摩。

八肢瑜伽是流傳最廣，最爲人所知的。其次是「六肢瑜伽」（ṣhaḍaṅga yoga），分爲六部分的瑜伽。我曾經整理過一份清單，列載了引自六十九種不同文獻所記載的六肢瑜伽❶。六肢瑜伽又可以再分爲兩種，一種是屬於密教的瑜伽，一種是屬於佛教的瑜伽。他們都講六肢，但是其中有某些部分不盡相同。我將來再找機會跟大家介紹。

在八肢瑜伽，這八個肢被分爲「外肢」和「內肢」兩類。這兩類有何不同？第一類外肢法包括了(1)需要跟別人有所互動的（夜摩法和尼夜摩法），(2)在肉身層及氣身層練的（體式法和調息法），(3)需要藉助調息法將感官由身體向內收攝的（內攝法），一共有五肢。

爲何內攝法要藉助到調息法？有關這一點，講《瑜伽經》的人很少提到。內攝法這個法門，是要在呼吸的時候，觀想呼吸好像是由體內低處的一點流向高處的一點。這能讓感官的能量向內收攝、流向心念的樞紐所在。

外肢法結束後，第二類的肢法，內肢法就登場了。內肢法是要從那個已經被調服得平靜的心開始。

外肢法可以視爲是對治那五種伴隨干擾最有效的法門：

五種伴隨干擾	對治之肢法
苦、挫折	夜摩法和尼夜摩法
身不定	體式法
不受控之呼與吸	調息法

接下來三句經（第49至51經）是講調息法。

譯註：

❶請參閱斯瓦米韋達所著《瑜伽經釋論第二輯》（英文版）的「附錄一」（pp.655～689），其中詳盡列出了各門各派「瑜伽肢法」（yogāṅgas）之異同。

瑜伽的肢法・外五肢

調息

第49～53經

II.49 tasmin sati śhvāsa-pra-śhvāsayor gati-vi-cchedaḥ prāṇāyāmaḥ

既成，失控呼與吸之斷，為調息。

經文拆解註釋

tasmin：既然，即此

sati：已經做到

śhvāsa-：吸氣（之）

pra-śhvāsayoḥ：呼氣（之）

gati-：用力，不受控的動（之）

vi-cchedaḥ：中斷

prāṇāyāmaḥ：控制呼吸，增長氣息

全段白話解讀

既然體式法已經成就，

繼而斷除使勁的呼吸和不受控制的呼吸，

就稱為調息。

按照八肢瑜伽的順序，要體式法成就了，已經征服了體式法，才能進入調息法。所以，如果有人的體式還沒有調好，姿勢還沒有調好的話，就不要馬上教他調息法。斯瓦米拉瑪常說，體式法分兩種，一種是調教身體用的，一種是靜坐用的。哈達瑜伽所做的種種體式，很多是爲了調教身體而做。《瑜伽經》所重視的體式，是那些練了之後能夠有助於靜坐的體式。我們在講第46經的時候提到，威亞薩列出了幾種體式的名稱，他所指的究竟是哪些體式，以及爲什麼要特別提出這幾種體式，是非常有趣的題目。不過，我還沒有能夠花時間去好好研究探討，一直希望你們可以幫我去做這個研究，若是有什麼心得，記得要告訴我。但我的推斷是，他之所以要提出那幾種體式，是因爲它們對靜坐特別有幫助的緣故。

本經起首的兩個字「tasmin sati」是表示一種「資格」，就是當練成了前面所說的體式法，接下來的修練才會成就。根據梵文的規則，就算後面的經句沒有這兩個字，語意仍然拘束其後的經句。這個規則叫做「沿循」（anuvṛtti）。所以，成功征服體式法，不僅是第49經調息法的條件，也是所有其餘「外肢法」和「內肢法」的條件。因此，其後的內攝、專注、禪那、三摩地，都以體式法的成就爲前提。進一步而言，體式法和夜摩、尼夜摩不同，它並非是完全獨立的一肢，而是要和其後的五肢結合修練的。當我們練體式法的時候，需要有正確的呼吸方式（調息法），需要收攝感官、平伏感官（內攝法），需要覺知、專注（專注法、禪定法）等等。

śhvāsa是吸氣。pra-śhvāsa是呼氣，它更精確的意義是呼出內臟之氣。以現今生理學的觀點來說，就是要用橫膈膜式的呼氣方式 。呼氣之所以需要比吸氣有更爲精確的定義，是因爲靈修的傳統一向偏重於呼氣。

戒掉那種使勁和不受控制的呼吸方式，就稱爲「prāṇāyāma」（調息）。

我問你，假如我坐著時，身體傾向一側，我左右兩個肺能夠均衡地呼吸嗎？所以身體姿勢正確是先決條件。現今，印度有成千上萬的人每天都在練調息法，他們多半是跟著電視學來的。可是沒有人教他們應該先把身體姿勢調正了，所以久了，他們會受到不正確調息法的傷害。我幾乎從不教人做調息法，因爲在我眼中，幾乎沒有一個人的坐姿是正確的。你的姿勢不正，我怎麼教調息法？這不只是用到肺，不只是用到肚臍，不只是呼和吸，而是整個能量的聚合過程。

（此時，斯瓦米韋達吟誦）

yasyonmeṣanimeṣābhyāṃ jagataḥ pralayodayau

taṃ śhakticakravibhavaprabhavaṃ śhaṅkaraṃ stumaḥ

(Spanda-Kārikās)

其睜眼闔眼，乃世界之生滅

彼乃莊嚴力聚之源，禮贊商羯羅

《律動頌》

這句頌辭的意思是：「他每一次眨眼，就是一次宇宙世界的生滅，他是一切聚集能量的源頭，對那位希瓦，我稽首禮敬。」那個聚集能量的源頭（śhakticakravibhavaprabhavaṃ），是整個宇宙能量脈輪的所在，是宇宙的能量場。這句偈頌出自迦濕米爾希瓦（Kashmir Shaivism）密教傳承的基本典籍《希瓦經》（*Śhiva-sūtras*）的其中一本釋論。《希瓦經》相傳是神諭，由中古世紀時候的聖人發現它被刻在大石上，於是抄寫下來而流傳至今。有點類似基督教的摩西在山上找到刻在石板上的《十誡》傳說 。迦濕米爾希瓦傳承的哲理又被稱爲「律動哲理」（Spanda Philosophy），他們的理論說一切都是振盪的律動，而他們的文獻中藏著非常豐富的理論，很多科學難題都可以在其中找到答案。現今已經很少人眞的懂他們的理論和修行法門。我能教，但是總沒有時間。很幸運，有上師的加持，所以我學會了很多東西，可是，這麼多東西能傳給誰呢？

譯按，斯瓦米韋達的這一段解說，不知是否在回答某個特別的問題，錄音中沒有說明。又，斯瓦米韋達在之後應學生的請求，於2010年在印度學院中組織了一場歷時一個月，以《希瓦經》爲主題的研究論壇，邀請了專家學者，一起講述《希瓦經》，介紹包括迦濕米爾派在內的幾個主要的希瓦密教傳承。這次論壇的影音紀錄，可以向喜馬拉雅瑜伽學院的出版單位洽詢。

有人問，修練八肢瑜伽時，是否應該先修完夜摩、尼夜摩法，才能修體式法？不是的，它們要一起修。所有的八肢法都是互相連動的。夜摩、尼夜摩與體式法，尤其是如此。如果你欠缺了其中一個肢法，其他的肢法就不會成功。如果你有夜摩、尼夜摩法的基礎，你的身體自然會變得穩定而放鬆，任何體式就變得容易。它們是相輔相成的。「肢」的意思就是肢體，你的手是一肢，你的腿是一肢，你的眼睛也是一肢。你說少得了哪一個？所有的肢體聚合在一起，才成爲完整的人體，所有的肢法合在一起，才成爲瑜伽。可是，其中的先後順序還是有的。就像你消化食物時，還是要先把食物放進口中。

我再告訴你一件事，我們已經說過體式法和調息法的關係，那麼夜摩、尼夜摩與調息法的關係何在？我見過有的人一上來就做「住氣」的功夫，可是他們不知道，個人的習氣會因爲住氣而變得更強烈。例如，你容易生氣，練住氣法會讓你變得更暴躁易怒。所以，你需要先從夜摩、尼夜摩的功夫做起，不要忽略這個。不做夜摩、尼夜摩，調息法是不能幫你做到內在的淨化。

譯按，《瑜伽經》經文中，「prāṇāyāma」這個名詞在本書中譯爲「調息」，它是由兩個字結合成的複字。可以解讀成是「prāṇa」（氣）＋「yāma」（控制）就是呼吸的控制法。另一種解讀是「prāṇa」（氣）＋「āyāma」（擴張），那就是養氣法。「prāṇa」這個字，可以當作呼吸之氣解釋，又可以是一種能量。斯瓦米韋達說，喜馬拉雅瑜伽傳承認爲，調息的目的在入靜，但要藉助控制呼吸的功夫，將呼吸擴爲更細微的能量，所以能養氣。

本經中所謂的「呼與吸之斷，是所謂調息。」有的認爲是呼氣後的住氣、吸氣後的住氣、不呼不吸的住氣，就是調息。有的則主張只有住氣才是調息。斯瓦米韋達解讀威亞薩的見解是：「起初，調息是要兼顧吸氣、呼氣、住氣三者。待功夫更上層樓，則惟有住氣才是調息。」

有些註釋家認爲《瑜伽經》中的調息法，就是哈達瑜伽中的調息法。斯瓦米韋達不認同這個看法。他說：「也許他們不熟於最深沉的禪定，《瑜伽經》以及威亞薩的註釋都告訴我們，練呼吸的覺知和調控，就是在練心以及保持對內在的觀察。」他引述了Swami Hariharānanda Āranya的一段文字：「須知，瑜伽之所以成立，在於能夠控制心地的起伏到純熟的地步。調息法之所以算是瑜伽的肢法之一，是因為要將心地栓在控制呼吸的作意上。」

斯瓦米韋達更告訴我們：

《瑜伽經》第一篇第34經已經交代了靜坐時該如何去練呼吸的覺知，第二篇第49至51經講的則是另外的練習法，例如止息，以及呼氣和吸氣之後的住氣。但是，這一定要先從除去錯誤的呼吸習慣爲下手處。現今有很多瑜伽老師用哈達瑜伽的呼吸方式，來教學生做調息法，一開始就做住氣法，而不是先從改正呼吸方式下手，這常會引起種種生理以及心理的毛病。

調息法的理論和習練，正確教導方式應該是：

1. 瞭解《瑜伽經》第一篇第31經所說的，不由自主的、節奏紊亂的呼吸，是一種不良的呼吸習慣，會干擾禪定。
2. 所以要用第一篇第34經的方法去對治。
3. 同時要用第二篇第49至51經所敘述的調息法步驟，不過前提是要能改正呼氣和吸氣的方式，尤其要留心呼氣時是用橫膈膜式呼吸法。
4. 第49經所謂的呼與吸之斷，是要斷除不受控、頓挫起伏的呼吸方式，讓呼吸成爲流暢、有規律地流動；只有在上述的步驟都做得純熟了，才能開始小心地指導學生進行練習住氣。

II.50 bāhyābhyantara-stambha-vṛttir deśha-kāla-saṅkhyābhiḥ pari-dṛṣhṭo dīrgha-sūkṣhmaḥ

外、內、止之態，由位、時、數觀之，則長而細。

經文拆解註釋

bāhya-：外部的，朝外的

ābhyantara-：內部的，朝內的

stambha-：持住，停止，止息

vṛttiḥ：動作、類型

deśha-：位置，處所

kāla-：時間，期間

saṅkhyābhiḥ：數目，數字，計數

pari-dṛṣhtaḥ：所全面觀察

dīrgha-：長久

sūkṣhmaḥ：細微

全段白話解讀

調息法有呼氣之後的止、吸氣之後的止、不出不入而止的態貌。

由於全面觀察覺知它們所在之位置、計時、計數，氣息因而變得深長而細微。

這一句經中包含了兩個似乎互相矛盾的陳述。一邊說「止息」（stambha），另一邊又說「深長而細微」（dīrgha-sūkṣhma）。如果你停住呼吸，它怎麼能深長細微？很明顯地，「深長而細微」是在說明如何維持「止息」。如果你的呼吸短促，能量就受到阻塞。如果呼吸能做到深長而細微，「止息」自然會發生，那就是下一句經所講的狀態，你也就不用去管「位置、計時和計數」。

本經所說的「位置、計時、計數」是什麼？「位置」分兩種。一種是內在的處所，就是感覺止住呼吸的位置所在，是肚臍、是心窩，還是喉部？另一種是外在的處所，能在距離多遠的位置感到呼吸，是測驗呼吸究竟能深長而細微到什麼程度。在無風的地方，將一小束棉花放在鼻孔前，要做到連一絲纖維都不能動，才是眞止息。另一種說法是，普通人將棉花放在鼻前十二指節處，呼吸時棉花纖維會動，而呼吸深長之人則能將棉花放在離鼻端更遠之處，還能在正常呼吸狀態下，觀察到棉花纖維受到呼吸的鼓動。不過我不同意這樣的說法，那是粗呼吸的表現，不是細微呼吸該有的現象。

「計時」是算呼與吸的時間有多長，住氣的時間有多長，三者的比例如何，像是吸十二、住二十四、呼三十六，或十六比六十四比三十二等等，每個門派不同。有的人往往只讀了書上的描述，就自行練習高階的呼吸功法，那就容易出毛病，身體會痛。練調息法出了毛病，往往是沒辦法醫好的，因爲出毛病的不是肉身，而是氣身發生了淤塞，只有眞瑜伽大師才能幫你打通。例如，有一陣子非常流行靈氣療法，這些治療師本身的能量都不順暢，還去調別人的能量，結果可想而知。很多人看我身體不好，就好心要為我按摩。我總是非常誠心地婉謝他們。我只讓非常少數幾位我知道的人為我按摩，其中有很多原因，與我自己以及對方的能量都有關係。當然，普通的表層肌肉按摩另論。

懂得按摩奧祕的人不多，我甚至想開一門課，就專門教人按摩眼睛。我過去曾經教過幾個人如何按摩眼睛，可是他們學不會。問題在於按摩時要用到直覺，否則學不成。按摩眼睛某個地方，就是在給心臟按摩。橫膈膜式的呼吸方式，也是在為心臟按摩。身上還有幾個按摩點都跟心臟有關，像腳部、手部、心臟區域的前方和後方。

我們離題太遠，言歸正傳。「計數」和計時沒有基本的差別，都是在計算，不同的是計時的單位是時間，計數則是用其他的單位，例如由一數起，計算一口氣數到十、二十、三十。

譯按，斯瓦米韋達在《論釋》中介紹了種種計數法，練調息法時，要如何才算是「一輪」或「一回合」，也有視乎個人情緒的淨化和穩定狀況，因為氣的虛實或是神經系統問題，在練調息法時會可能出現流汗、顫動、悲傷感、下沉感，乃至於飛升感的情況，篇幅頗長，想深入研究的讀者可以參閱。

II.51 bāhyābhyantara-viṣhayākṣhepī chaturthaḥ

外內域齊超，乃第四。

經文拆解註釋

bāhya-：外部的，朝外的

ābhyantara-：內部的，朝內的

viṣhaya-：區域，場所

ā-kṣhepī：超越、擱置

chaturthaḥ：第四

全段白話解讀

超出了那些有內外之分的調息法，是第四種。

在第50經，我們略微解釋了爲什麼「止息」和「深長而細微」的呼吸方式是不相矛盾的。調息法是一門非常微妙而困難的題目，《瑜伽經》的調息法不完全等同於哈達瑜伽的呼吸法門。如果是講禪定瑜伽的話，所謂的調息法是要等到忘卻了呼吸之後，才眞的開始調息。但這是另一個大題目了。

我們仔細研讀經文以及經文的註解，它是將調息區分爲四種：

一、呼氣（rechaka）變得深長而細微。

二、吸氣（pūraka）變得深長而細微。

三、伴隨住氣（sahita-kumbha），或稱爲「參合住氣」（miśhra-kumbhaka），這包括了兩種：

（一）呼氣之後的住氣。

（二）吸氣之後的住氣。

四、自發住氣（sahaja-kumbha），或者稱爲「獨發住氣」（kevala-kumbhaka）。

第三種伴隨住氣，是要伴隨著呼氣、吸氣，觀察外域（如鼻孔、十二指節等）、內域（如肚臍、心窩等），以及觀察位置、計時、計數等而發生的住氣。一般教人修練的，大多都是屬於第三種住氣。

第四種住氣是自發的，或者成爲獨發，因爲它不需要伴隨著那些內、外等因素而有。這是本經在說的主題。根據我們傳承，在你們目前這個階段，是不教你們去練伴隨住氣的。我們的目標是要成爲禪定瑜伽師，不是哈達瑜伽師。哈達瑜伽的那些體式、潔淨法，都已經包括在禪定瑜伽之中。我們做那些哈達瑜伽的修練，主要目的是為了禪定靜坐。所以我們堅持呼吸要深長而細微。你的呼吸越是緩慢細長，心念就越是能夠專注而細微。我們的目的是最終要讓呼吸融入「空大」元素，它變得如此輕微，到了你幾乎不覺得有呼吸的地步，終於會生起自發性的住氣。

你只要用深長而細微方式去呼吸，不出幾分鐘，你的意識狀態就會改變。我為你示範一次，你注意我就這麼隨意坐著，你們幫我計時（斯瓦米韋達示意開始，然後彈指示意結束）。剛才是用了多少時間？（計時的學生答，四十秒）。四十秒，那只是一次深長而細微的呼氣，但已經足夠讓我進入禪定。如果我採取靜坐的坐姿，在靜坐中，通常一次呼氣大約需要一分鐘。

譯按，斯瓦米韋達曾經說過，瑜伽大師認為生命的長短不是用時間，而是以呼吸的次數來度量的。人生下來的時候，這一輩子各自能有多少次呼吸是固定的，呼吸短促則無異在加速生命消耗的速度。

我是一個病人，都能做到這樣的呼吸方式，你們健康人自然也做得到。但是你要懂得如何控制。這分爲「生理上的控制」以及「心靈上的控制」兩種。我問你，呼吸主要是用到身體哪個部分？不是肺，是橫膈膜！控制就要靠橫膈膜。那麼心靈的控制來自哪裡？來自於你能善於夜摩、尼夜摩的自律，來自於你能善於培養「清明愉悅心」。如果你的心地能成爲一個愉悅的地方，你的呼吸自然會深長而細微。

你們有人去這個道院、那個道院學習，追隨這位大師、那位大師，讀過這些、那些書，好像很飽學。我勸你，你要把這些書都扔掉，把你在其他地方染到的心印都放掉，才能在我們這裡學到眞東西。你試著把不同系統的東西混在一起，所以會弄巧成拙。你的問題在於，你學到的瑜伽都是哈達瑜伽師教你的，不是屬於禪定瑜伽傳承的。所以你在我們這裡老是抓不住重點。

我在講解哈達瑜伽哲理的時候說過，瑜伽之道有兩條路，一條是由外而內，一條是由內而外。資質較淺的，必須要由外而內，必須要先從身體著手，從外氣的呼吸法門開始，要訓練自己的橫膈膜，要訓練身體，練放鬆法，練這個法，練那個法，努力專注，才能慢慢讓心靜下來。

資質較高的，他的心經常處於靜定的狀態中，所以呼吸自然就平和，所以會自動用橫膈膜式的呼吸法，所以身體自然就調順了，可以輕易進入體式。這是由內而外的途徑，願我們的上師施恩，引領你走上這條途徑。

本句經最後一個字「第四」（chaturthaḥ）的字尾是「aḥ」，要讀出來，讀音要正確。順便介紹一下，梵文有兩個字尾的餘音，一個是「止聲」（visarga）：aḥ ，一個是「隨韻」（anusvāra）：aṃ。這又是一套大學問，不知道被寫成了多少書。撇開文法不談，從音聲的角度簡單地說，「止聲」是宇宙的開顯、心識的生起。「隨韻」則是宇宙的消隱、心識的消融。

這裡還有一個題目需要解釋，就是呼與吸之間的停頓。我曾經為此開過許多堂課，這裡還是簡單交代一下。坦特羅（Tantra）密法的典籍說：「掌握了這個呼吸之間的停頓，就能掌握時間，就能掌握生死。」死亡是什麼？死亡就是呼與吸之間那一段長長的停頓期間。你在這裡停止了最後一次呼吸，會在另一個地方開始下一口呼吸。你掌握了兩次呼吸之間的短暫停頓，就能掌握那個叫做死亡的長期停頓。

對於修行人而言，所謂掌握呼吸之間的停頓，控制停頓，究竟是什麼意思？我問你，你能控制「門」的開關是什麼意思？那是說，當你想關門就能關，想開門就能開，你要把門關上多久、打開多久，都能隨你的意願做到。所以，掌握呼吸之間的停頓，就是你要能把那停頓之門關上，不要讓呼吸之間有停頓，你可以一直保持住這樣關上的狀態。反過來，當你要打開門，要讓呼吸之間停頓的話，你要保持打開多久也都可以。重點是，控制權要在你。患有睡眠呼吸中止症的人，呼吸會出現停頓，但是那個停頓不受他的控制，就不是我們所講的修行功夫。

練習不要出現停頓的方法，就是將心念放在呼吸進出的覺知上。但是有一個重要的關鍵，就是要看住那個停頓。目前你只覺知呼吸之流的進出，但是沒有去看住呼吸之間的停頓。技巧在於呼或吸快到盡頭，即將要到停頓的關頭時，你要能覺知到它的來臨，但是不要停，立即接著下一口氣。你能精通這個法門，能掌控那個停頓的境地，就夠資格為第51經去造論。

這些微妙的技巧在喜馬拉雅瑜伽傳承中，都是師徒口耳相傳的祕訣，書上是沒有記載的。就算寫下來，外人也讀不懂。你們有一天應該去研讀大師瑜伽難陀（Yogānanda）❶的太上師Lahiri Mahasaya為《薄伽梵歌》所寫的釋論，我的圖書館中收藏了一本。瑜伽難陀也為《薄伽梵歌》寫過釋論。但是，師徒寫的兩本釋論完全不同。瑜伽難陀寫書的對象是一九四〇年代的美國人。他的太上師則是為了真正的瑜伽修行人而寫。你聽過他太上師的大名嗎？他是在我們附近的聖城Haridwar圓寂的。現今很多「行瑜伽」的老師並不是跟著瑜伽難陀學的，而是直接跟他的上師，甚或是跟他的太上師學的。他的上師和太上師都不是出家人斯瓦米。

本句經文所指的「第四」，是自發性的住氣。你的功夫夠了，到了有自發住氣的程度，你就可以不呼不吸，要維持住氣多久都隨你的意，這是個很大的成就。我能維持住氣到某個程度，但還不能永遠定在住氣中。

有人問，爲什麼掌握呼吸之間的停頓就能掌控時間？這跟今天的主題無關，何況我就這個題目也已經講過很多次了，請你們找出我以前講課的錄音，自己去聽。根據印度古代的哲理，時間的基本單位是什麼？是「剎那」（kṣhaṇa）。剎那的定義是什麼？（有學生答，是多少分之一秒）那是外在的時間。根據迦濕米爾希瓦密教大師阿毗那婆笈多（Abhinavagupta）的講法，時間有四個層次，我翻譯爲：「微我時」、「宏我時」、「微它時」、「宏它時」（micro-I time, macro-I time, micro-it time, macro-it time）。「微時」是最微小的粒子，它振盪自身的長度一次所需要的時間。這是瑜伽士的定義，不是科學家的定義，卻是現今量子時鐘所依據的原理。根據這個定義，你能想像到整個宇宙振盪一次所需要的時間要多久嗎？

但是就心識之理而言，時間的基本單位是呼吸。瑜伽士所在意的是心識之時，是他覺知力的時間。斯瓦米拉瑪是位「宇宙呼吸學」（swara jyotiśha）大師，這門學問是沒有書可讀的。所有的宇宙、星球都反映在呼吸中，他憑你的呼吸就可以推算出你的健康、命運、壽限，那就是控制了呼吸就能掌控時間的原因。大師在有意識控制的情況下，將呼吸進入停頓，時間就會跟著進入停頓。如果呼吸的停頓不是出於有意識的控制，那就是一般人的死亡。

我們每一口氣的盡了，就是一次死亡。但是我們都不曾察覺這個現象。我們一次又一次地經歷死亡，也可以說一次又一次地面臨練習進入死亡的機會，只不過無所察覺就都錯過了。不受控的呼吸方式，就是不受控的死亡。

呼吸的緩慢、平順，才是重點所在。當心念變得細微，呼吸也會變得細微。若你想要掌控死亡，就要懂得掌控呼吸之間的停頓。當你每次呼吸到了盡頭的時候，對自己說：「不要停頓，因爲我還不想死。」把呼吸中間停頓的時間縮到最短，立即繼續下一口氣。你試著這樣去練，看看會有什麼效果。古人告訴我們，不用多，只要能夠專注維持那樣的控制， 連續十二口氣，你的功夫就會晉升到下一個層次。

接下來的兩句經是說明修習調息法所帶來的效果。我們要知道的是，只有在成就了第四種調息法之後，才能全面獲得那些效果。在未完成第四階段的調息法之前，修行人充其量只能零星地一瞥其貌。

譯註：

❶有的翻譯為尤迦南達、瑜伽之龍。

II.52 tataḥ kṣhīyate prakāśhāvaraṇam

於是，消除光明遮蓋。

經文拆解註釋

tataḥ：於是

kṣhīyate：消除

prakāśha-：光明（之）

a-varaṇam：遮蓋

全段白話解讀

調息法修練有成，

於是光明之遮蓋消失。

第52及53經是告訴我們，調息法成就之後所帶來的是什麼果。第52經說，遮蔽光明的覆蓋會消失。這裡所指的光明是「布提」的悅性所具有的光明。我們過去不停造業所留下的心印和所形成的習氣，使得布提的悅性光明受到覆蓋。因爲有恆地修習調息法，才逐漸將那個覆蓋除去。

我們所見到、所經驗到的一切，包括整個宇宙世界，都是幻相，都不是它們實際的相貌。我們之所以見不到實相，是因爲布提的悅性被遮蓋住了。因爲受到覆蓋，所以我們才會做出不應該做的行爲。習練調息法能夠削弱那個遮蓋。

譯按，斯瓦米韋達的《釋論》對這個道理的摘要說明如下：

- 業行是由煩惱所產生。（業行使得布提的悅性光明受到蒙蔽，因而影響到明辨慧，所以一再造惡業，輪迴世間不得自拔。）
- 能讓惡業之因消失，就能消除遮蔽光明的污垢。
- 藉助調息法讓氣息穩定得止，身體隨之靜止，所以不復再造業行。
- 業行既歇，它所產生的心印亦變微弱。
- 因此，智慧之光顯現。

在所有的苦行當中，調息法是最殊勝的。沒有調息法，就無法征服感官，心就是感官之一。前人說，天堂與地獄之別，全在於是否能夠控制住自己的感官。一切瑜伽之根本就在感官的受控，無法讓心完全受控得止的人，絕對需要習練調息法。

II.53 dhāraṇāsu cha yogyatā manasaḥ

且心勘專注。

經文拆解註釋

dhāraṇāsu：（於）專注

cha：而且

yogyatā：勝任，有能力，堪任

manasaḥ：心（之）

全段白話解讀

此外，

調息法讓心能勝任於從事修習專注。

調息法成就了，所帶來的第二個果，是讓我們的心能夠勝任下一步的「專注」（dhāraṇa）法。上一句經是說調息法能爲我們除去什麼，這一句經是說調息法能帶來什麼。如果心地還含有不淨的成分，就很難專注，所以要除去不淨的纏蓋。威亞薩引用了第一篇第34經來說明：「或繫念呼氣與控制氣息。」（prachchhardana-vidhāraṇābyṁ vā prāṇasya.）你會發現其中有一個字和本經相同，就是dhāraṇā（專注、繫念）。所以，本經和第一篇第34經是相互呼應的。第34經的「vi-dhāraṇā」那個字不單只是控制呼吸的流動而已，也是八肢瑜伽功法中第六肢的「專注」法。是要以呼吸爲專注的對象。

簡單的說，所謂「專注」，就是將心地定在內在的某一個點，例如脊柱底端（根底，ādhāra）、肚臍、心窩、眉間、頭頂等等。調息之所以能夠讓心進入「專注」的緣故，在於它可以爲心摒除由「動性」引起的不定、變動，以及「惰性」所引起的慵懶等障礙。由於調息法的淨化效果，心就能夠定在它想要定的所在。此外，調息法不單是調控呼吸，在《瑜伽經》更是側重在調氣（prāṇa）的功夫。心的功能作用要靠氣，氣定了，心念才能定，才能專注。

因此，調息法帶來靜定的效果，心地因而被調教好，使得心能夠勝任修習專注法，取得專注法所帶來的心力。這才是眞神通，就算別人用石塊砸你，你也不受干擾。別人拿言語、用眼神砸你，你也不受影響。

由於修習調息法要專注於呼吸，所以其他一切需要專注的功夫就容易做到。如果你到過台北的故宮博物院，那裡展出的中國古代工藝品，有一種是微型雕刻。藝術家在從事雕刻的時候，就要能控制自己的呼吸。你要從事任何創作，一定要學會控制呼吸。還有一點，你要保持放鬆，即使在電腦鍵盤上打字，都要放鬆你的肩膀。打字只需要動到手，你就該放鬆肩膀、放鬆臉。要做好任何事的祕訣是，放鬆不需要使用到的部位。不管你是畫一條線，或是做瑜伽的體式，或是游泳，都要應用這個原則。如果我想要知道你瑜伽體式法的功夫到什麼程度，我只消站在你身後，觀察你打字的姿勢就夠了。打字時不需要出力的部位如果是緊繃的、僵硬的，你的瑜伽體式一定也做不好。

瑜伽的肢法・外五肢

內攝

第54～55經

II.54 sva-viṣhayāsam-pra-yoge chittasya sva-rūpānukāra ivendriyāṇāṁ pratyāhāraḥ

與已境無涉，似同於心地，乃根之內攝。

經文拆解註釋

sva-：自己的

viṣhaya-：對象，領域，境

a-sam-pra-yoge：不交涉，不攀援

chittasya：心地（之）

sva-rūpa-：本質（之）

anukāra：跟隨，模仿，相似

iva：似乎

indriyāṇāṁ：感官，根（之）

pratyāhāraḥ：內攝

全段白話解讀

若根與自己之境無所交涉

（也就是感官不去追逐外境對象），

變得和心地的本性似乎相同，

就是感官的內攝。

經文中的「sam-pra-yoga」，包括了「sam-yoga」（結合）和「pra-yoga」（施行）兩個詞，也就是「結合之施行」，是各個根（indriyas）與它們的境（viṣhayas）的結合之施行（譯按，就是感官與其對象之接觸，例如耳朵與音聲之接觸，所有的認知感覺都是由此而來）。那個字前面加了一個否定意義的「a」，成爲a-sam-pra-yoga，就是「不施行結合」，感官不與它們各自領域的對象起交涉，不起作用。心地因而平靜下來，感官融入了心地，如同在模仿如此平靜的心地。這就是所謂的「內攝」。

這不僅是感官不接觸對象，還要讓心地靜下來，接著讓感官融入那平靜的心地。感官會模仿心地，心地處於什麼狀態，感官就處於什麼狀態，這就是「內攝」（pratyāhāra）的意涵。「pratyāhāra」這個字就是回收、撤回。它引申出很多意義，其中一個意義就是消融（pralaya），宇宙世界的消融，包括我們這個小宇宙以及感官的宇宙，所以經文才用「pratyāhāra」這個字。因此，感官不僅是要內攝，還要消融。

你們還記得「vṛtti」這個字嗎？在講本篇第10經的時候，我們提到「眾心念之消沉，融入它們本自的源頭」（vṛttīnām sva-karaṇe layaḥ）。瑜伽士對宇宙世界的消沉不感興趣，他們注重的是自心的消沉和消融。這就是在控制感官。

如果你想要用別的方法去控制感官，那就非常費功夫。讓心地靜下來是最容易控制感官的辦法。威亞薩舉了一個非常生動的例子，他說：「如果蜂后飛了，所有其他的工蜂就統統跟著飛。無論蜂后停在什麼地方，其他的工蜂也跟著停在那裡。」同樣的道理，只要心地受控，所有的感官也會受控。

譯按，斯瓦米韋達在《釋論》中寫道：

當心地受控，所有感官都跟著受控而靜止下來。它們會有如「無風中的燭焰」，不再向外攫取對象，不再覺知外在的刺激。此時，若心繫念專注於某種內在的音聲或影像，感官也會領略到那些音聲影像。所以，原本是感官將它們所經驗到的傳送給心，現在變成是心在引導感官去經驗什麼。

我們的心要先有能夠專注的能耐（見第53經），否則內攝法是無法練成的。有專注能耐的前提是調息法已經成就，因爲調息法能除去蓋在布提中悅性上的塵垢，所以心地才會平靜。

II.55 tataḥ paramā vaśhyatendriyāṇām

於是，根之最勝調伏。

經文拆解註釋

tataḥ：於是

paramā：最終極，至上，最勝

vaśhyata-：控制，調伏

indriyāṇām：根，感官

全段白話解讀

能做到回攝，

就是駕馭感官最上乘的功夫。

前一句經所舉蜜蜂的例子很好，如果你要遷移整個蜂群，不需要去移動蜂巢，更不需要一隻一隻蜜蜂去移動，只要掌握了蜂后，整個蜂群就會跟著走。這就是本經所講的控制、調伏法（vaśhyata）。威亞薩在註釋中列出了五種感官的控制法，而本經所講的是其中最終極、最上乘的控制法（paramā vaśhyata）。什麼是控制？他引用遠古聖人Jaigīṣhavya的說法：「由於心地能定於一，感官因而戒除了它們向外攀緣的習性，這就是控制的定義。」他的這個說法是絕對正確的。

（學生問：這是否和「寂靜無欲」（uparati）的意義相同？）是的，你可以與吠檀多哲學的用語「寂靜無欲」來比較。感官之所以會對外界的對象不感興趣，是因為心地到了非常平靜的境界，對外界對象根本提不起興趣。

（答學生提問。）調息最重要就是讓呼吸變得深長而細微。你能做到這一步，就不需要任何其他的調息功夫。印地諺語說：「大象之足能包含所有螞蟻之足。」深長而細微的呼吸法，就是大象之足，所有其他的呼吸法都在其中。如果你把調息中的息當成是呼吸的話，那調息就是在擴充呼吸，也就是拉長呼吸。但我仍然要大家去練「交替呼吸法」（nadi-shodāna，脈淨化法），因為你們還是不能掌握如何延長呼吸。

（答學生提問。）如何擴充我們的氣身層？這有很多要做的，例如，在上過廁所以後立即做脈淨化法，在性行為後立即去擴充，一覺醒來要立即擴充，發怒時要立即把心靜下來，然後做調息法，每當你覺得自己的氣身收縮了，就立即去做擴充。吃飽飯後，你不要立即做，但是飯後可以立即做消化呼吸法。

不論因爲什麼行爲或情緒，使得你的氣身收縮了的話，就要立即去做擴充，這是第一步。第二步要做內攝法，我們上面已經學到《瑜伽經》的內攝法（第53、54經）。此外，還有一種密法的呼吸法，不屬於《瑜伽經》的調息法，它是「點對點呼吸法」，也叫做「pratyāhāra」，就是從腳趾到頭頂呼吸，從腳踝到頭頂呼吸，等等，一共有十八個點，但是那太細了，所以在每一次練習時不會把全部十八點都做到。

譯按，斯瓦米韋達的《釋論》在解說第54經時，提到「點對點呼吸法」可以做爲調息法功法最後一個階段的習練，用來連接調息法和專注法。這個呼吸法將呼吸的覺知區域由下往上移，也就在逐漸收攝感官，因此成爲正統的內攝法。而在這個過程中，將心保持在身內幾個特定的點上，就是進入第六肢的專注法。

以上就是《瑜伽經》第二篇的簡要介紹。經文中有些用字的本意非常幽微，你聽了我的介紹後，要好好去反思其中的義理，不要依賴字面意義的翻譯。

全篇回顧

譯按，斯瓦米韋達的《釋論》第二篇在結束時有一段文字，引述前人對這一篇的提綱，爲我們將全篇55經的意旨做了一次摘要的回顧。譯文如下。

什麼是瑜伽，在第一篇已經解釋了。現在第二篇敘述的是「行瑜伽」，它是構成第一篇所定義之瑜伽的一個部分，它的效應是在磨滅「煩惱」。

接著定義什麼是種種煩惱，以及陳述它們的本質、起因、範圍和所結的果。

同樣地，也說明了「業」的分類、起因、本質、所結果，以及所謂業「成熟」的起因和本質。

其次所解釋的是：

- 煩惱是應該斷絕避免的。
- 但是如果不能明理，就無法斷卻煩惱。
- 要明理，就要接受傳承的教習，以及學習經典。
- 經典是工具，能喚醒我們，從而明白到
  - 什麼是應斷（應該斷絕避免的）
  - 引起應斷的因

－摒棄應斷的過程

－要摒棄就該採納何事

－如何摒棄的方法

● 經典將上述道理用四段結構陳述出來。

接著解說，明辨慧是應該採納之事，以及要獲得明辨慧的方法，也就是夜摩等外肢法和內肢法，所以對各個肢法的意義及效驗，予以分析和定義。其中，體式法、調息法、內攝法、專注法是相互依賴的，相輔相成的，所以就一起為它們下定義，並且提出它們的行法、成就和效驗。

「瑜伽」這個名詞的內涵，在夜摩、尼夜摩中是種子，在體式和調息中發芽，在內攝中開花，將會在專注、禪那、三摩地中結果。

由於最後三肢會引起許多「發通」的現象（也就是悉地、神通），因此將整個第三篇都用來解說這三肢以及它們所發的「通」。

附錄

非暴理念略說

（譯按，本篇內容並非斯瓦米韋達在一時、一地所說，是綜合了幾篇他對非暴理念的講演紀錄編篡而成。）

我們所要學習的瑜伽，第一堂課不是教你體式動作。第一堂課是「夜摩」的五條戒律，以及「尼夜摩」的五條善律。而在五條夜摩戒律當中，排在第一的是「非暴」。所以「非暴」是瑜伽的起點，其他所有的戒律和善律都是由非暴的理念而來，都必須依賴非暴才能成立，都必須要符合非暴才算數。假如自己的一言一行、起心動念，都能符合非暴的理念，你根本不必費心去遵守其他的戒律和善律，你的行爲自然會符合夜摩和尼夜摩的要求。例如，你遇到了一個情形，如果說實話，就會引起某種直接或間接的暴力傷害，這時你要選擇維護非暴力。會帶來暴力傷害的實語，並非眞理。

《瑜伽經》對這個道理講得非常清楚。所以，你只要堅守非暴，把它當成自己的道德信條，其他都會水到渠成。這個意思是，你要非常仔細地檢查自己的念頭、言語、行爲，選擇你說話的音調，注意你怎麼講述實情，它會給別人，乃至給社會帶來什麼影響，你有沒有縱容自己去攫取、去收受、去賺取什麼東西，你有沒有在什麼地方違反了非暴的理念？非暴是不傷生，不傷害、不造成苦痛。你可以從最明顯的地方下手，從最明顯違反非暴的事情著手，你就能慢慢進步，能戒掉那些原本對你不是很明顯屬於暴力的事。你以為自己做不到，現在能輕易做到。

我們試著來分析一下這個過程。例如，你們不去殺人，所以已經在遵守非暴理念，但是你並不會認為不殺人對你而言是什麼了不起的成就，一點困難都沒有。你要逐漸做到更細微、更細緻的非暴，而仍然不覺得困難，不認為那是一種成就，到你根本不必考慮掙扎就能做到，它如同你的本能一般，本來就應該如此的，就是我所謂靈性的進步。雖然說《瑜伽經》也要我們遵守「知足」的善律，但那指的是對物質欲望，對世俗名利要知足，可不是說我們應該滿足於自己心靈進展的程度。我們對於靈性的進化，絕不可以滿足於現況，要不斷地求更進一步。我希望你要知足，同時能知有所不足，知道自己靈性上不足之處，知道自己道德情操的不足之處，不斷地精益求精。

好，所以不殺人並不困難，算不上是一種進步。但是對食人族而言，那種困難的程度絕對不亞於要求習慣吃葷的人改變為素食者。我去過南太平洋的一個島，當地有個墳地葬著一位叫做「翁追翁追」（Udre Udre）的部落酋長，他的「成就」是曾經吃掉好幾百個敵人，以吃人的數目來講，他可是金氏世界紀錄的保持者。以他所處的時空背景而言，他的所作所為是有所本的。他們族人之所以要吃人的理論根據是，將自己的敵人吃掉，才可以完全擁有敵人所擁有的智慧和力量。翁追翁追是酋長，他專吃敵人的腦，敵人的智慧都成為他的智慧。他們認爲，如此敵人的智慧才不會白白失散，敵人的亡魂才有個去向。所以，假如我的理解是正確的話，你可以說他在某個程度上也是在超度敵人的亡魂。那是他的一套邏輯，而依照這個前提假設，他的行爲是正當的。如果你要和他們辯論，或許他們族中有非常善辯的人，在形式邏輯上會讓你贏不了這場辯論。縱然辯不過他們，但是你可不會因此被感化成爲食人族。你內心會說，不論你的理由再怎麼充分，不論你的反駁多麼有力，不管怎麼說，我就是不能夠接受人吃人這種行爲！翁追翁追和他的族人會認爲，你這個外面世界來的人不夠理性。

再進一步分析，你相信非暴理念，但又非絕對信守。例如，有人令你非常惱火，你是否會有一拳打歪他鼻子的念頭？你瞧，這是否爲一種暴力心理？你會檢討自己的心念嗎？

我們再以絲織品或珍珠爲例。絲是來自於蠶繭，在製作的過程要趁蠶蛹還沒脫繭而出前將蠶繭煮沸，一條絲質披肩要犧牲好幾千條蠶蟲。每一顆珍珠則是產自珠蚌，要翹開珠貝的殼，活生生剖開珠蚌的肚子挖取出來。如果我們對此無感，就不會覺得圍著絲質披肩和穿戴珍珠有什麼不對。你可以反駁說，我們何必想得那麼深遠？蠶蛹和珠蚌沒有別的價値，牠們總是會死亡的，不是嗎？那麼翁追翁追對於幾百個被他所殺害後食用的被害人也是無感的，他也可以說這些人終究會死亡的，不是嗎？

有個在農場生長的孩子把某一隻小羊當作他的寵物來飼養，他們一家經常食用羊肉，但都不是孩子喜歡的那隻羊。有一天，媽媽宰了這隻羊做晚餐。那孩子從此不再能吃羊肉，甚至連其他的肉類都不能吃。這是別人告訴我的實例，你大概也聽過類似的故事。我還未出家的時候，跟家人住在美國，我的兒子從剛學會說話開始，就不讓家中有任何絲織品和珍珠。孩子都比我們有感。

在靈性進化的階梯上，我們每個人處於不同的位階，對非暴理念的有感程度就會有所不同。經由仔細審思，你可以改變自己的敏感度。想想你謀生的方式所帶來的暴力傷害。你的言語、你的情緒帶有多少暴力成分。你所吃的食物是怎麼製造取得的。看看你此刻是處於哪個位階。你比翁追翁追高了一階，乃至高了好幾階，但是一談到你的敵人，啊，那是另一回事，也許你和翁追翁追就比較接近了。你要明白，如果你不能在非暴理念上精益求精的話，你的德行就無法進步，那靈性的進化就不可能，因爲眾生都是一體的。禪定自然會給你眾生本來就是一體的體悟。如果你還沒有那種體悟，那你的靜坐就根本不算數。問題是，既然眾生是一體的，那麼斬斷別的生物的肢體就像是在截斷自己的手指。無論你餓到什麼地步，你會不會把自己的手指切來煮了吃？

我們是否能有眾生都是一體的體悟，暫且不論。你至少要檢視自己現在是處於哪個位階，什麼程度的非暴對你而言是自然而然的。所謂「自然而然」，是指你根本不用去想、不用試，自然就能做得到的程度，而且不認爲這是什麼了不起的成就。然後，你再去想，自己的下一步該怎麼走。不是最高的位階，只是去想你人生每一個領域如何再上一階。例如謀生方式，要怎麼減少暴力傷害的程度。例如你言語表達的方式，你所用的字、寫信的方式，乃至商業書信，能否盡量不傷人，盡量把尖銳的部分換成柔和的。我的助理會告訴你，我即使寫封信婉拒別人的某種請求，這信讀起來都不會讓人感覺是冷冰冰地回絕，因爲我用最不傷人的方式去表達。在做非暴的功夫上，你要精益求精，提高對自己暴力的敏感度，提高對自己非暴的要求。

恐懼和暴力是同一件事

有些人讀到這裡可能會問，難道我就該任人踐踏我？這心態就是翁追翁追的論點。如果我沒吃他，他就會把我吃掉。那你和翁追翁追只是在暴力的程度上有些區別，內在的心態可是沒有不同的。

回答你的問題，《瑜伽經》告訴我們，若你能嚴格遵守非暴戒律，在你周圍的眾生，自然、自動會減少暴力的心態。這的確會如此發生。這個世界上的眾生，原本對我們人類是沒有防範的。十六世紀的探險家來到人跡未至的島上，那裡的鳥沒見過人類，會飛到他們的肩上，被手到擒來後接著就下鍋了。許多珍禽就這麼被滅了種，因爲牠們不知道登陸的是野蠻動物。

古籍中記載，在聖人的道院裡，眾生都能和平相處，鹿的身邊躺著獅子。現今世上仍然有聖人，他們所在之處，毒蛇猛獸都不會傷人。你們讀過斯瓦米拉瑪的故事，當年他住在山洞中，有隻野熊會趴在洞門外，好像在為他守護。斯瓦米拉瑪去到哪裡，熊會跟著他，像是他飼養的寵物。動物的感應力特別強。當年我搬回印度，家中養了一頭凶猛的狗，牠知道我每天早上八點半都會在庭院裡的一座茅屋中打坐。如果我稍微遲了一些，牠就會不停地繞著我跑，提醒我時間到、時間到，走吧、走吧。等到我一坐進茅屋，牠就趴在屋子門口，直到我打坐結束出來為止。我們的靜坐會影響到動物，因為牠們內在沒有如我們人類的那種抗拒心，很容易在牠們的潛意識中感應到我們潛意識裡的心波。

有一次，斯瓦米拉瑪問我：「你喜歡潛水，難道不怕碰到鯊魚嗎？」我反問他：「您經常一個人在森林中走動，難道不怕有老虎嗎？」你要知道，如果你心中沒有恐懼感，動物聞不到你的恐懼，就不會加害於你。恐懼和暴力是同一件事，是一體的兩面。所有暴力的本質和結果就是恐懼，所有恐懼的本質和結果就是暴力。我們心生恐懼的時候，身體會分泌出多種稱為「費洛蒙」（pheromones）的激素，這「費洛蒙」有些跟動物在從事攻擊時身體所分泌的激素相同。所以，聞到你恐懼的「費洛蒙」，會誘發牠們的攻擊行為。如果你的內心沒有恐懼感，牠們就不會變得暴力。這就是我常說的「無畏」，無畏不是那種勇敢的無所懼怕。無畏是那種我們還是嬰兒時對自己母親無所畏懼的心態。當你能夠純潔到那個程度，你不會分泌出「費洛蒙」，所以世界不會攻擊你。

歷史上有數不清的聖人，像是聖方濟各（St. Francis）的例子，他們克服了恐懼，成爲無畏的人，靠的不是勇氣，而是愛所自然產生的現象。這種愛的定義就是，眾生一體。眞愛的定義是認清了眾生本是一體的，那種廓然的愛就是非暴。上個世紀最偉大聖者之一，拉瑪那馬哈希（Ramana Maharshi）是位沉默的大師。他的道院後面有座小湖，很多來訪者會去湖中沐浴。某天，一位客人正準備要前去沐浴時，馬哈希對他說：「現在外面還太熱，等會兒我讓人打桶水送過來給你。」然後馬哈希起身向湖邊走去，因爲他知道當時有頭老虎在那兒。他對老虎說：「這裡常有人類來，你白日不要來此活動。」老虎就離開了。如此，他救了那位客人，也救了老虎，讓人虎都相安無事。這，就是在實踐非暴，也展示非暴所帶來的效果。

還有，非暴的理念也要實踐在你的反應上。縱然你受到傷害，受到委屈，你也不要火冒三丈，一心報復。不要讓負面的行爲對你起那麼大的影響，使得你的心態和行爲也變得負面，不要讓那些事影響你的決策，它們並不眞的會讓你非常不安。你仍然要保持開放的胸懷，因爲你能開放，別人也會開放。縱然別人不夠開放，那也是他們的業，我爲什麼要接受那些污染，把人家的問題變成我的問題？

在戰鬥中實踐非暴

我們講非暴，就不能不談一個令很多人都感到困惑的老問題。《瑜伽經》大談非暴，不可傷生。可是在另一部也是瑜伽的聖典《薄伽梵歌》中，神主奎師那卻因爲王子阿朱那在大敵當前之際不忍傷害敵人而訓斥他，要他拾起武器去殺敵。這豈不是和非暴理念完全矛盾？

我的答覆是，首先我們要明白，《薄伽梵歌》也是宣揚非暴理念的。例如，第十章第5頌說，非暴是眾生的七個本有德性之一，所有的本性都來自神主。然後，第十六章第1至3頌列出了幸運之人生而擁有的二十六種心靈財富，非暴正是其中一種。那麼，《薄伽梵歌》既然在宣揚非暴，卻又鼓勵阿朱那去作戰，豈不自我矛盾？其實，神主是因爲阿朱那已經滿足了某些前提條件，所以才能夠去作戰而又不違反非暴的戒律。我們就只引用兩段頌詞來說明，否則可以寫成一部討論《摩訶波羅多》哲學的專論：

> sukha-duḥke same kṛtvā lābhālābhau jayājayau
> tato yuddhāya yujyasva naivaṁ pāpam avāpyasi (2.38)
> 視樂苦若等、得失、勝負亦然
> 如此戰之，則汝永不招致罪愆

> Mayi sarvāṇi karmāṇi sanyasyādhyātma-cetasā
> Nirāśhīr nirmamo bhūtvā yudhyasva vigata-jvaraḥ (3.30)

汝之萬行皆獻與吾，心繫念於本我
無所盼，無所屬，無狂熱，而後戰

句中的梵文指令非常直接，yudhyasva vigata-jvaraḥ：作戰去！但要把狂熱的情緒放下。

這兩段頌詞為阿朱那點出了戰鬥的前提條件是：

- 要平等看待苦與樂、得與失、勝與負。
- 要把所有行為都奉獻給神（句中使用的動詞是 sam ＋ nyas ＝出捨，有若出家人一般。）
- 心念要完全向著神。
- 不帶有任何期盼。
- 不能有任何「屬於我」的念頭。
- 將一切狂熱的心緒放下。
- 然後才應該去作戰。

這可不是現今世界上那種普通的戰事。想想看，要從事一場這樣的戰爭，需要做多少準備的功夫。你要知道阿朱那從小是受了什麼樣的訓練，做過什麼樣的修行，就去讀《摩訶波羅多》。

在這世界上，要遏制邪惡，有時不得不使用武力。但是，根據《摩訶波羅多》的教導，要使用武力的話，必須先具備一定的心靈素質。

現在是一個我已經講過多次，一個來自蘇菲教派的故事。

有位蘇菲的戰士和敵人正在做一對一的肉搏殊死戰。終於，他壓制了敵人，坐騎在對方的胸膛上，行將要把舉起的匕首刺下去。
他的對手陷入絕望的暴怒，對著他的臉吐了一口水。
此時，這名蘇菲戰士拿著匕首的手停懸在半空，沒有刺下去。
「你在等什麼？」被壓在下面的敵人憤憤地說：「我輸了，你動手吧！」
蘇菲戰士回答：「我下不了手。我和你都是在盡自己軍人的責任。我不認識你，你也不認識我。可是當你向我吐口水之際，我忽然感到一股憤怒，就有了私怨，在這種心態下動手殺你，就不是戰士之舉，而是謀殺。」

簡單地說，奎師那要阿朱那去做的，是殺敵，不是謀殺。

阿朱那需要做到的，就是東方武術的最高境界，外表在格鬥，自己的內在卻要保持靜止。

在戰鬥中實踐非暴，就是《薄伽梵歌》的一段公案。

從歷史案例、日常生活來思考非暴

譯按，「非暴」是一個很大的題目，要動心起念都合乎非暴談何容易，而我們又非得在這上面下功夫不可。多年以前，斯瓦米韋達曾要求學生們自己或者跟別人以讀書會的方式，去細思非暴理念的精微之處，為什麼非暴有時候好像行不通，其中原因何在。歷史上可以用來做為研究的案例比比皆是，斯瓦米韋達將自己隨手筆記下來的幾個題目，在一次談話中交給學生們去參究。以下是那次談話內容的一小部分。

下面列舉了一些跟非暴有關的題目，請大家去思考、討論：

- 古來印度的道院是和平、非暴的聖地，為何道院會墮落，歷史上道院遭人評擊，乃至受到摧毀的事件層出不窮？
- 古希臘哲人蘇格拉底即使受到不公平的審判，也坦然平和接受，既不逃避也不惡言相向。
- 古希臘和羅馬的斯多葛主義（stoicisim）非常值得留意。他們崇尚的是在任何狀況下都能保持情緒的持平和鎮定，這與《薄伽梵歌》的教導一致。《薄伽梵歌》中，神主要阿朱那拾起武器去作戰，但是不要帶著狂熱的情緒爲之。所以，儘管外表是暴力的行爲並非絕對不允許，但前提條件是要能夠無情地檢查自己的心態，不可以受到任何偏見、自利、憤怒的狂熱情緒影響，以正義做爲藉口。記得那個蘇菲戰士的故事嗎？

- 請閱讀大衛・梭羅（David Thoreau）的《湖濱散記》（*Walden*）以及列夫・托爾斯泰（Leo N. Tolstoy）的作品。他們兩人對甘地有極重要的影響，而梭羅又受到《薄伽梵歌》的影響。

- 宗教和非暴理念。爲什麼許多宗教無法彼此相容？更重要的是，爲什麼還是有很多社會能讓不同的信仰兼容並蓄、和平共存？

- 近代歷史上非暴理念在政治運動中的成敗實例，甘地自然是一個極佳的例子。他的敗筆是什麼？爲什麼會失敗？他的成功之處又是什麼，爲什麼成功？他曾經說過，他自己的心靈已經準備好了，但是人民的心靈還沒有完全準備好。爲什麼他用非暴力的手段爲印度爭取到獨立，印度旋即陷入了印巴分裂的暴力中？

- 遵循非暴理念，應該就是爲了非暴而實踐非暴，不是爲了它能帶來什麼政治、商業、個人的利益。這往往是實行非暴以失敗收場的原因。這就是甘地和他的政治夥伴賈瓦哈拉爾・尼赫魯（Pandit Jawaharlal Nehru）最大的不同之處。尼赫魯是位劍橋大學畢業的政治人物，對他而言，非暴是適合弱小民族使用的一種武器，所以是一種手段，背後有政治目的。甘地則不然。

- 在自己家中，我們是否經常使用暴力而不自覺？我們對家人講話的語氣和態度是否帶有暴力？對孩子的態度更是爲人父母需要自我檢查的，很多善良的父母都不免在有意無意之間將孩子當成自己的出氣筒。

- 檢查自己的日用品是否是以暴力的方式生產、測試、販賣而來，對其他生靈和環境所造成的傷害有多大。

- 人類和生態環境關係的定位。西方主流觀念認爲世界是爲了人類而有，人類可以予取予奪。這種思想如今也散播到東方，導致整個地球生態環境的破壞。

- 要解決環境生態的問題，就不能只從人類的角度來看事情。「我們後代子孫將一無所有」的說法，正是反映了人類獨尊的心態。要留一個好環境給我們的子孫，以及什麼永續開發經營的講法，都不成爲理由。爲什麼只有人類的未來才是考慮因素？環境保育要有更深刻的理由：是出於對神所創造大自然的一股由衷的敬畏之心。我們遵循非暴理念，是因爲愛就是正道。不是因爲把樹砍伐光了會減少大氣層中的氧氣，不是因爲臭氧層出現破洞會讓我們患上癌症。這些理由不但暴力（因爲侵害到別的生靈），而且自私。我們要把這些理由都放到一邊，實行非暴，非暴本身就是理由，非暴就是爲了非暴。

- 要信服非暴理念，就需要檢討自己原本所信服的一些理論，例如邊沁（Jeremy Bentham）和彌爾（John Stuart Mill）所主張的功利主義，例如達爾文的適者生存理論。肌肉最發達的才是適者嗎？那老弱婦孺不該生存嗎？一切所謂的競爭法則、叢林定律，都是這一類的。還有什麼食物鏈之類的說法，把人類放在頂層，所以他就有權去屠殺摧毀比他低層的生靈。爲什麼不說，因爲人類是最發達的生物，所以他有義務慈悲對待一切生靈，保育生態環境？

- 有陰必有陽，陰陽是相生相成的。力量和慈悲必須相生相成，徒有力量就會是毀滅性的，會造成自我的毀滅。

- 非暴與謙遜。不能謙遜，就做不到非暴。

- 非暴是沒有選擇性的。不能只將非暴適用於某些議題、某些行爲，而在其他方面就忽略實踐非暴。例如，很多人會爲了反對核子武器而上街示威，乃至於爲世界和平而示威（這話本身就是有矛盾的）。但是，他們在家中是否會用嚴厲的語氣，對自己的另一半、自己的孩子說話？如果是的話，他們就不是全面擁護非暴，所以他們會失敗。

- 記住，若不能秉持非暴、愛、謙遜理念的話，今日的受迫害者，只會是明日的迫害者。
- 人類和動物之間的關係。例如，比較西方世界人類和貓狗的關係，以及印度人和牛等產奶動物的關係。
- 轉世理論不是東方的佛教或印度教所獨有，古代西方本來不否認轉世，是後來才遭到揚棄。《轉世：神祕的鳳凰之火》（*Reincarnation: The Phoenix Fire Mystery* by Head and Cranston）這本書很值得參考。印度哲學所主張的非暴理念，其實是基於轉世理論而來，也就是說根據自己所造的業，下一世可能會投胎在任何地方、成為任何物種。古希臘哲人畢達哥拉斯（Pythagoras）也說：「為什麼人能夠今天親手給一隻小鳥餵食，明天又扭斷牠的脖子，把牠吃了？你是否明白，這隻鳥可能是你前世的父親、母親，或者你可能下一世變成牠的父母或子女？」東方哲理和古希臘不但主張有轉世，而且會轉世成為不同生物，這是現代西方主流無法接受的。
- 在牲畜祭祀的問題上，很多宗教都是持反對立場的。既然不宜在祭祀時犧牲動物，為何其他場合可以屠宰動物？

- 各個宗教對於素食和非素食的立場。
- 有的地方和民族，例如美洲的印第安人，他們在獵殺以及進食動物之際，會爲被剝奪生命的生靈祈禱致歉。
- 閱讀紀伯倫（Kahlil Gibran）的《先知》（*The Prophet*），書中對成爲他食物的動物及植物，表達了相同的歉意和感恩之心：

但願你能夠靠大地的芳香而活，像蘭花般由光來供養。
可是，因為你一定要由殺戮來取得食物，以滿足你的飢渴，讓那初生之犢喝不到母親的奶水，那就把這當作是一種祭祀的行為吧。
那就把你烹食的檯面當作祭壇，上面的供品是取自森林和原野中純潔無瑕的，是為了人類內在那更純潔無瑕的而犧牲。
當你屠殺獸類時，在自己心中說：
「殺你的這道力，也在殺我；而我也將會被食用。
因為，那定律既把你交到我手中，也將把我交到更巨大的手中。
你的血，我的血，都只不過是餵養那天堂之樹的汁液。」
當你的牙咬碎蘋果時，在自己心中說：
「你的種子將活在我身中，

你明日的花朵將在我心中綻開，
你的香味將變成我的呼吸，
我們將一同歡度所有的季節。」

淺談苦行

很多人聽到過Kriyā Yoga（譯按，有翻譯為「克里亞瑜伽」或「淨化瑜伽」）一詞。這個名稱，是由近代前往西方傳播瑜伽的，一位名為「瑜伽難陀」的大師，用來稱呼他所提倡的一套瑜伽功法，才廣為人知。他創立的這套功法裡，有取自昆達里尼瑜伽、咒語瑜伽、王道瑜伽、哈達瑜伽的成分，所以是個綜合的功法。

至於我們所講的kriyā-yoga則是非常不同的。「kriyā」這個字是任何一套習練功法的通稱，所指的是一種行為。靜坐之人所面臨最大的問題，是我們稱之為「離定」的習氣心印，想要站起來下座的那種心念，想要去做那些平日吸引我們的活動。《瑜伽經》第一篇告訴我們，若要控制自己的心地，將心地之心念活動作用停止下來，有兩個方法，一個叫做「串習」，一個叫做「無執」。所謂「串習」，是不斷地重複習練，究竟習練什麼？《瑜伽經》第二篇一開始就告訴我們，要由苦行、自習、奉神等三個方面下手，就是習練瑜伽的行為，就叫做「kriyā-yoga」（行瑜伽）。

然而，什麼是「苦行」？它具有什麼功用？自古以來為《瑜伽經》寫釋論的人都一致認為，沒有苦行是成不了瑜伽的。它是一種要額外付出、吃苦耐勞、將自己投入的習練。你需要有一定程度的韌性，需要一定程度的自律，來克制身體、言語和心意。串習首先要練的就是苦行，要控制自己的感官，控制自己的身體。耐苦行之人叫做「苦行者」（tapasvin，女性則是tapasya）。

這一堂課的對象是已經習練瑜伽有一定時間的人，跟初級班的學生講苦行時，我會刻意省略某些內容，怕他們接受不了，會生起退卻心。沒有人喜歡吃苦。只有極少數人有那樣的決心和毅力，有些人即使功夫已經到了某種程度，還是不願意找這個麻煩。他們只想挑好走的路去享受靜坐的樂趣。可是我告訴你，無論如何到了某個地步，這整條路都會變得困難重重。如果你沒打算給自己找麻煩的話，我勸你趁早放棄。

克服抗拒心

百分之九十五的修行人在碰到了那些難關的時候，在某個點上會過不去，就這麼放棄了。因為，你要記牢這句話：「你還存有抗拒心。」每當你被這種抗拒心被擊倒了，你就站起來想要離去，要逃避。然後你會說：「算了，我想我還是走一條比較容易做到放下的法門，何必要如此嚴格律己？」殊不知，沒有律己的功夫，你是放不下來的。如果你真放得下來，你就不會覺得是在律己。

我們每個人內在的抗拒，是多到你無法想像的程度。苦行就是在幫我們磨掉那些抗拒心，包括身、語、意的抗拒心都在內。其中「意」的抗拒心最麻煩，它有種種不同的層面，有來自心理的抗拒，來自情緒感情的抗拒，來自根深蒂固成見的抗拒。有來自先入爲主觀念的抗拒，例如關於某種文化的觀念，關於某個機構組織的觀念，這些都算是成見，一旦你形成了某種成見，它就牢不可破，你會從這個觀點來看一切人和事。

你若要進步，這些觀點就必須被打破。瑜伽要做的功課，其中之一就是打破自己原有的觀點。你的觀點根本無足輕重，重要的是眞理。觀點都是相對的，你到了某個階段就必須要把它給放下。你越往下走，它只會變得越來越難捨。

所以，苦行就是要讓外層遷就內層，讓低階遷就高階，讓粗的遷就細的。例如，對身體舒適的追求，必須要遷就於對禪定的追求。又例如身體和呼吸的矛盾，你覺得窩著身體坐著比較舒服，但是那樣子呼吸就無法深沉。跟身體比起來，呼吸是內層，是高階，是細的。可是身體要抗拒。講眞的，把身體坐直就是苦行，就是在律己，就是開始在下功夫。苦行是要下功夫的。

適度適量的苦行

適當的苦行是有必要的，然而在消磨身體抗拒的時候，我們不建議走極端。例如，以前有些基督教的神祕主義者會鞭撻自己，長期處於饑餓狀態，日復一日曝曬在大太陽下。當今，在印度，仍然有某些團體的成員對苦行有錯誤的理解，他們會睡在釘床上，在極冷的冬天早上四點起身洗冷水澡，極度酷熱的夏天坐在陽光下，連續多年站立不坐不臥，以及單手上舉永不放下等等。這些近乎不可能的舉動都是屬於極端的苦行。

剛開始苦行時，你會需要一些方法，你會需要有意識地去做，來克服抗拒。這就像是初學開車的人，有好多操作和情況要掌握，同一時間要意識到那麼多事情，當然會覺得是一件苦差事。等到熟練了，開車就變成再自然不過的事。我講一件趣事，以前每當別人在爲我開車的時候，我常常會提醒他們要放鬆額頭、放鬆心窩部位、覺知自己的呼吸，還要把自己的咒語放在心上等等。有一次，我搭一位學生的車，我就如此提醒他。兩分鐘之後，他忽然說：「同時做那麼多事情，我辦不到！」

所以，苦行起初是會讓人有招架不住的感覺，但儘管難、儘管苦，你要堅持，不要找輕鬆的退路。過一段時間，它會變得自然，會變得容易。就像身體覺得要窩著坐才舒服，呼吸卻不以爲那是舒服。如果你選擇不聽命於身體，而是聽命於呼吸，以呼吸的要求爲優先，要你的身體坐直，久而久之，你的身體自然會坐直，而且變成要坐直了才會舒服。

苦行的目的是在磨滅我們的抗拒心，在削弱動性和惰性的力量。但我們一再強調，前提是不要走極端。有些人很勇猛精進，一上來就要摒絕一切去做嚴格的苦行，他們不但會把身體弄壞了，也會傷害到自己和親人之間的關係。你要學眞苦行的功夫，我建議你去讀那本《甘地自傳：眞理之試煉》（*An Autobiography: My Secret Experiments with Truth*），好好地讀。他才是一位眞實的「苦行者」。我們佩服的不是他有什麼驚天動地的行爲，而是他做起功夫來綿密無比，生命中每一分鐘都不放過，都要自我檢查。他的一舉一動、一言一行，都不能逃過自己的觀察。沒有意義的言語，一個字也不說。動了任何念頭都要清清楚楚。他在三十五歲的時候嚴格立誓不犯淫戒。每當他起了任何淫念，第二天早晨和大眾一起做禱告的時候，他會在幾千人面前，對大家發露，我的心念不堅定，動了什麼念頭。他就是如此地嚴密觀察自己。

要修苦行，你就不能不經常、不能不時時做自我觀察。瑜伽困難之處就在苦行。它的確令人生畏，但是到頭來要成功是非它不可。

《薄伽梵歌》對苦行講得非常透徹。但是它首先提醒我們，適度適量才是正確的苦行之道，不可極端。它說：

> nāty-aśhnatas tu yogo’sti na chaikāntam anaśhnataḥ
> na chāti-svapna-śhilasya jāgrato naiva chārjuna　(6.16)

瑜伽之道，不可飽食，亦不可不食。
亦不可飽眠，亦不可不眠，阿朱那。

yuktāhāra-vihārasya yukta-cheṣhṭasya karmasu
yukta-svapnāvabodhasya yogo bhavati duḥkha-hā (6.17)
其人進食娛樂有度，努力用功有度，
睡眠不眠有度，習練瑜伽方能滅苦。

任何行爲都要適可而止才是瑜伽之道，飲食能適度，娛樂要有度，一切行爲舉止都如此。用功、工作也要有度，不要累到爬不起來。不要貪睡，也不要通宵不眠。如此之人修練瑜伽才會有成。

苦行的種類

《薄伽梵歌》將苦行分爲身體、言語、心念三個方面的苦行。

身體的苦行可以是去習練哈達瑜伽，起初你會需要動用到身體的肌肉筋骨，乃至會引起些許的不適感覺，不論是動態的體式，還是靜態的靜坐坐姿，都會如此。你要忍耐初期的苦痛，克服它。但絕對不是要到了血液無法循環，傷到要去看醫生的地步。斷食也是一種苦行，但是比起飲食有節制來，斷食容易多了。我再說一遍，斷食比飲食有度來得容易。同樣的道理，撐著不睡比起只睡五個小時就起身，來得容易。所以，你要清楚自己是在從事什麼樣、什麼程度的苦行，以及自己的身體狀況是否適合。

言語的苦行主要是靜默以及言語的節制。印度有些人每週會從事一天的禁語。我在少年時期，是每個星期四要禁語半日，即使出外旅行也保持靜默。老話，連續靜默一個月，比起身在塵世仍然能堅持每週守半日靜默，要來的容易得多。然而，比起靜默來，更艱難的言語苦行是說話能有節制，這意謂著要不斷觀察自己的言語，這個用字是否必要？我能否再少說幾個字，仍然不失原意？我說出這段話，在短時間內、長時間後會有什麼影響？即使在說一件讓人不開心的事，我的表達方式是否帶有善意？所使用的腔調是否悅耳，是否表達了關切之情？你要說實語，但也要說悅語。不要說不悅的實語，也不要說不實的悅語。這是永恆的語法。

不說不悅的實語，也不說不實的悅語，這是個很高的標準，不容易拿捏好分寸，所以你更需要小心觀察自己的用字遣詞、說話音聲的強弱、音調的起伏，是否完全在你心念的控制之下。這才算是在從事言語的苦行。

再來，是心意的苦行。「行瑜伽」第二個修練「自習」的其中一個意涵是持咒。持咒也可以算是一種心意的苦行。不過，心意的苦行不只如此而已，還要避免任何違反了夜摩戒律和尼夜摩善律的念頭，以及要時時保持四個正念，都是屬於心意的苦行。這是苦行中最困難的苦行。什麼是四個正念？就是已經生起的惡念要斷絕；還未生起的惡念要不生；已經生起的善念要增長；還未生起的善念要生起。

苦行的作用

苦行，基本上有三個作用。第一，克服抗拒，上面已經說了。第二，不受自己心印習氣的力量所指使。你既有的心印形成了你個人的人格特性，你會有某種特殊的本能、衝動、習氣，它們的力量會驅使你去做某些事，會讓你對某些事情感到恐慌，會讓你放縱。例如，有的人吃起東西來無法自制，有的人睡起來沒有節制，有的人不敢搭乘飛機等。當你面對這些挑戰時，能夠耐得住它們就是苦行。第三，是有效降伏感官，禁得起外物引誘考驗的苦行。

現在說第四個作用，淨化。這是以業來消業。淨化分兩重。一重是為心中儲藏心印的業庫，多加一些純淨的心印，使得業庫之中業的總體能比以前更加淨化。這就像是用淨水來沖淡污水，你只要不斷將淨水加入水池中，池中總體的水質就會漸漸變得更乾淨。所以多做善業可以改變總體業庫中的業力。

苦行所帶來的第二重淨化，是減輕業報的威力。我以前說過，有很多種方式可以幫我們降低業報的威力，其中之一就是贖罪。這使我連帶想到，天主教和瑜伽有如此之多的相似之處，實在讓人驚訝。我越是研究西方，越是在西方教瑜伽，我就越來越接近天主教。我認爲天主教徒會非常容易理解瑜伽，因爲他們有這個宗教背景的關係。他們的教義沒有解釋原委，但是基本上所有的機制、所有的方法都具備了。贖罪、告解懺悔等一系列的行爲，都是淨化我們人格過程的一部分。瑜伽的修道院制度中有贖罪法，天主教的修道院也有同樣制度。

佛教寺院的戒律對於發露懺悔更是有一套非常詳盡的儀軌法本，巴利文叫做「patimokkha」（梵文是pratimokṣha，音譯爲「波羅提木叉」），mokkha或mokṣha就是解脫、肅清的意思，比丘定期要在全體僧眾面前，將自己在這段期間所犯的戒，一一對大眾表白。在家的居士每年一度也會來到寺院向大眾做相同的發露。這種苦行方式非常有效。我鼓勵我們傳承所有的同修，除了每週固定做半天的靜默之外，最好每年能來我們的道院待上一、兩週，遵守此地的清規戒律如同出家一般。待在道院的這段期間，你心中要放下一切，你的事業、工作、家庭、個人的情緒問題都不要帶過來，這就是一種贖罪，就是苦行。

但是，任何自我懲罰的形態，都需要非常、非常小心地爲之，而且一定要在有人督導之下爲之，因爲它經常會變質成爲自虐性的情緒宣洩行爲。在所有的宗教團體裡，都出現過苦行和自虐兩者變得界限不明的情形。苦行和自虐的不同之處，正像是「忍受孤寂之苦」和「享受獨處之樂」兩者的不同之處。我最喜歡舉的對比例子，就是孤寂之苦和獨處之樂，這兩者有何不同？在外觀上兩者沒有分別，分別唯在心態上。苦行和自虐正是如此。所有的宗教內都有這種情形，印度如此，西方世界也如此。

贖罪的行爲過當、沒有節制的話，就會變成自虐，所以需要受到督導，要嚴格加以督導。贖罪就是在自我懲罰，有各種各樣的方式。通常是心理上的自懲居多，要你在心理上熬過一段非常、非常困難的期間，極度困難。很多人到此熬不下去就退出去了，眞的。這種行爲最重要的意義是自我的淨化，所以正確地說，它應該被理解爲是一種淨化的過程，不是懲罰。是一種肅清的過程。肅清當然總是不容易的，是困難的。舉個例子，我們目前的腸胃中充滿了不乾淨的東西，只不過我們沒什麼感覺罷了。如果你去灌腸洗胃，在那過程中當然會感到不適。心理的肅清也會令人不適。

有的人會以爲，讓我來做斷食一週的苦行，這應該可以消掉很多惡業了吧？如果有這麼簡單的話，我們早就把業都給消乾淨了。只有眞正的上師才能知道哪個弟子該做肅清的苦行，哪個弟子該做什麼，不該做什麼，以及在過程中要能密切注意弟子的情形，不要讓弟子失控。這不但考驗弟子，更是在考驗上師。當上師可不是一件容易的事；保持輕鬆慈祥，大家開開心心當然很好，但是要能夠不失慈祥，仍然嚴厲地指導弟子進行心理的肅清，那才眞不容易。

其他身體的苦行

前面提到，苦行有身體行爲的苦行、言語行爲的苦行，以及心念行爲的苦行。身體行爲的苦行又可以再分爲：自律、布施、服務。自律的苦行大致是上面所提的，重點是要能適可而止。

布施是給出去，要給到自己會有所不安的程度。即使你給得很困難，即使沒有能力布施，還是給了出去，縱然只能負擔布施一文錢也算。《薄伽梵歌》講有三種類型的布施，悅性的、動性的、惰性的。

悅性布施是你在對的時空環境，給對了人，給了值得布施的對象，然後絲毫不期盼得到任何回報。惰性的布施是給了不值得給的對象，例如，他拿了施捨的金錢去買醉。有人問我，布施給出家人呢？我很老實地告訴你，至少一半是屬於惰性的布施。如果你對布施的對象不敬，乃至於侮辱了對方，也是惰性布施。

至於動性的布施，是即使給了值得布施的對象，可是你給得心不甘情不願，或是你期盼能夠從布施的行爲中得到什麼好處，都算是動性的布施。你可以很容易把動性的布施變成爲悅性的，只需要改變你的心態。例如，心靈的教學，施教的人要秉持施教不是在販賣知識的心態，學生不要存有是在付費的心態。只要除掉需要計價的心態，就變成了悅性的布施。所以，同一個行爲可以是動性的，也可以變成是悅性的。

至於服務，有爲低於你的人服務，爲你平輩之人服務，以及爲高於你的人服務。例如，父母爲子女服務，固然是在服務自己的晚輩，同時也是在清償他們虧欠自己父母的業債。在我們的傳統觀念裡，生兒育女就是在償還自己欠下父母養育之恩的業債，別人爲你付出了什麼，你就要爲其他人做同樣的付出。

爲平輩服務的例子，你走在街上見到有婦人拖著沉重的袋子，所以你上前問她：「對不起，我能幫你提嗎？」又例如任何需要處理的事，你見到路中有一塊玻璃，所以你停下車來將玻璃拾起，送到合適的地方丟棄。你見到我們道院的走廊不乾淨，就去拿掃帚來清理。見到需要有人來做的事，就去做。可以是體力勞動的服務，可以是給予建議，可以是輔導，可以是在心中爲人祈禱，這些都算。

爲尊長服務，例如服侍父母、老師、上師，但不能是出於自私的動機。你做的理由就因爲需要有人去做，如此而已。必須要有人做，而你樂於去做。

服務往往會造成自己的不便，給自己添麻煩，造成某種不舒服，是的，那不就是苦行嗎？如果沒有任何不便或不適，就不算是苦行。

這些是身體外在行爲的苦行。還有身體內在的苦行，那是屬於更高層次的苦行，不在這次講課的範圍之內。最重要的內在的苦行是「調息」。控制自己的呼吸和能量之流，叫做「調息」。這是屬於瑜伽士的苦行。學會了正確調息之藝的瑜伽士，就不需要其他的苦行。我們凡夫認爲的苦行，對於他而言是再自然不過、再輕易不過的行爲。

無畏禱

祈請免於恐懼的禱詞

梵文禱詞

abhayaṃ naḥ karaty antarikṣham abhayaṃ
dyāvā-pṛthivī ubhe ime
abhayaṃ paśhchād abhayaṃ purastād
uttarād adharād abhayaṃ no astu

abhayaṃ mitrād abhayaṃ amitrād
abhayaṃ jñātād abhayaṃ parokṣhāt
abhayaṃ naktam abhayaṃ divā naḥ
sarvā āśhā mama mitraṃ bhavantu

oṃ

dṛte dṛṃha mā mitrasya mā chakṣhuṣhā
sarvāṇi bhūtāni samīkṣhantāṁ
mitrasyāhaṃ chakṣhuṣhā sarvāṇi bhūtāni samīkṣhe
mitrasya chakṣhuṣhā samīkṣhāmahe
oṃ śhāntiḥ śhāntiḥ śhāntiḥ

梵文「阿跋央」（abhayaṃ）的意思是「無畏」。因爲沒有危害，所以沒有畏怖恐懼。如果眾生都視我爲朋友，而我也視眾生爲朋友，有誰會加害於我？我會令誰感到恐懼呢？

咒語如下：

願天空賜「阿跋央」予我等
願天和地都賜「阿跋央」予我等
願我自後方得「阿跋央」
自前方得「阿跋央」
自上方、下方，願我們都得「阿跋央」

自朋友得「阿跋央」
自怨敵得「阿跋央」
自我所知處得「阿跋央」
自我眼所不及處得「阿跋央」
自暗夜得「阿跋央」
自白晝得「阿跋央」
願十方、四隅，均與我為友

噢

神聖之母，宇宙之支撐者

請賜我以力量，助我視眾生為友
願眾生視我為友
願我等一切眾生，均能相視如友

以一切眾生均為朋友之故，乃得「阿跋央」

嗡，祥諦。祥諦。祥諦。

譯按，喜馬拉雅瑜伽近代的傳人斯瓦米拉瑪，第一次離開印度遠赴海外傳播瑜伽，臨行時，他的師父對他耳提面命，喜馬拉雅瑜伽傳承的要旨，首先是免除一切恐懼，其次是認識自己的本性。

恐懼是人類以及一切生靈最基本的煩惱苦痛之一，恐懼的源頭是「有我」之想，因爲有我，所以會害怕沒有我，所以會害怕我受到傷害。因爲我不會傷害自己，只有「他」才會傷害到我，他就是「異己」。在我們還沒有能夠完全泯除「有我」的迷執，還沒有完全打破人我之別的戒心以前，要想無所畏懼，最有效的途徑就是：「視十方一切眾生爲友，而一切眾生也以我爲友」，如此自然能無畏。

斯瓦米韋達在2000年之際譜寫了這份梵文的〈無畏禱〉，應該是有感而作。他希望大家能誦念禱詞，細思之，觀想之，此乃動善心、發善念，遲早會引起自己心念、言語、行為的改變，可以消弭深層的恐懼。

在講解《瑜伽經》第二篇第33經時，斯瓦米韋達也提到「無畏施」，這是大布施，也是印度僧人在剃度成為一位斯瓦米的出家儀式中，必然要立的弘誓，要讓一切生靈對我無所畏懼，因為我不會以任何方式去威脅、傷害任何生靈。而無畏施就是在實踐瑜伽修行最基本的八肢瑜伽中的第一步，五種夜摩戒律中的第一戒律：非暴。

國家圖書館出版品預行編目(CIP)資料

瑜伽經白話講解．行門篇／斯瓦米韋達．帕若堤（Swami Veda Bharati）作；石宏譯. -- 二版. -- 新北市：橡實文化出版：大雁出版基地發行，2024.05
面； 公分
ISBN 978-626-7441-22-0（平裝）

1.CST：瑜伽

137.84 113004072

觀自在 BA1039R

瑜伽經白話講解．行門篇

附瑜伽大師斯瓦米韋達梵文原音逐字誦讀線上聽

作　　者　斯瓦米韋達．帕若堤（Swami Veda Bharati）
譯　　者　石宏
責任編輯　于芝峰
協力編輯　洪禎璐
內頁構成　宸遠彩藝
封面設計　陳慧洺

發 行 人　蘇拾平
總 編 輯　于芝峰
副總編輯　田哲榮
業務發行　王綬晨、邱紹溢、劉文雅
行銷企劃　陳詩婷
出　　版　橡實文化 ACORN Publishing
231030新北市新店區北新路三段207-3號5樓
電話：（02）8913-1005　傳真：（02）8913-1056
網址：www.acornbooks.com.tw
E-mail信箱：acorn@andbooks.com.tw
發　　行　大雁出版基地
231030新北市新店區北新路三段207-3號5樓
電話：（02）8913-1005　傳真：（02）8913-1056
讀者服務信箱：andbooks@andbooks.com.tw
劃撥帳號：19983379　戶名：大雁文化事業股份有限公司

印　　刷　中原造像股份有限公司
二版一刷　2024年5月
定　　價　480元
I S B N　978-626-7441-22-0